# 책갈피 속에서 추억을 줍다

장희자 수필집

교음사

| 책을 내며 |

남편 일주기를 맞아서 여덟 번째 작품집을 내게 되었습니다.

'한국인은 책을 읽지 않는다.' 하는 말을 듣고 많이 망설였지만, 춘천 문화재단 전문 예술인 지원사업에 로또 복권처럼 선정된 행운을 포기할 수 없었습니다.

문인은 명예로운 관(冠) 이자 벗어던질 수 없는 멍에라 생각합니다.

나이가 드니 체력이 달리고 머리가 둔해져 글쓰기가 점점 더 어렵다는 생각도 들었습니다.

수필은 인생의 표현이라 합니다. 수필에선 그 사람의 품격(品格)이 들어있다니 독자에게 내놓을 때는 두렵고 부끄럽습니다. 우연히 들꽃을 만났을 때 얻은 기쁨처럼 독자와 만나고 싶습니다. 자신의 체험과 느낌을 서로 나누고 싶어 솔직하고 진실하게 고백했으니, 저와 같은 마음으로 읽어 주신다면 행복하겠습니다.

글이란 어렵게 쓰고 쉽게 읽혀야 좋은 글이라 합니다. 건강이 허락하는 날까지 열심히 공부하고, 욕심부리지 않고, 자만심에 빠지지 않고, 한 줄이라도 독자의 가슴에 남는 글을 쓰도록 노력하겠습니다. 거북이처럼 뚜벅뚜벅 걸어가겠습니다.

2025. 4. 장희자

차례

▸ 책을 내며

## 1. 생인손

골관 악기 궤나 … 17
생인손 … 21
가슴이 따뜻한 사람 … 25
우정 꽃 … 28
어부바 … 31
게릴라 가드닝 … 34
따뜻한 날의 기억 … 37
이산가족 상봉 이야기 … 40
금수저 푸바오 판다 … 44
낙석 주의 … 47
영혼의 귀향 … 51
믿음이 주는 것 … 55
독도 사랑 한복 발표회 … 58
길들다 … 62

## 2. 가슴속의 옹이

행복의 조건 … 67
겨우살이 … 70
푸른 초원을 달리고 싶다 … 73
옹이 … 76
손톱과 발톱을 깎으며 … 80
살생부를 쥐고 망설인다 … 83
금난새의 오페라 이야기 … 86
나무 도마 … 90
보파시장(補破詩匠) … 94
눈으로 말해요 … 98
나를 증명하는 것들 … 102
시간은 자연에 맞게 흘러간다 … 106
꾀꼬리 봉송 … 109
대한민국 건국훈장 애국장에 추서된 일본 여인 … 112
단풍 따라온 손님 … 116
호박꽃이 피었다 … 119

## 3. 아버지가 남기신 발자국

아버지가 남기신 발자국 … 125
어머니가 뵙고 싶은 날 … 129
리베로를 응원한다 … 132
은행나무야 어쩌란 말이냐 … 135
일본을 배우자 … 139
기다림의 미학 … 142
꽃 중의 꽃 모란 … 145
배려도 상대를 생각해야 한다 … 148
분수에 맞게 사는 것이 행복 … 151
사라진 꿀벌 … 154
책갈피에서 추억을 줍다 … 157
마침표를 찍었다 … 160

## 4.보리는 밟아야 알이 든다


보리는 밟아야 알이 든다 … 167

매미의 수목장 … 170

젊어서 아름답다 … 173

동네 한 바퀴 … 176

마음에 드는 선물 … 179

조금만 더 참지 … 182

목련나무에 말 걸기 … 185

죽음은 마침표가 아니다 … 189

집 짓는 일을 하고 싶다 … 193

마음의 거리 … 197

파꽃 … 200

허수아비 축제를 보고 … 203

멋지게 보이고 싶은 욕구 … 206

당신을 보내며 기도합니다 … 209

# 1

# 생인손

결혼생활은 서로에게 길들이는 과정이다. 사랑해서 결혼했는데 계산 방법과 추구하는 이상이 달라 사소한 일에도 엇갈린다. 모난 돌이 서로 부딪치며 살다 보니 조금씩 둥글어진다. 침묵해도 그 속을 알기에 굳이 따지지 않는다.

# 골관 악기 궤나

잉카유물이 국립춘천박물관에 나들이왔다. 여자라서인지 그들의 독특하고 화려한 장신구에 눈길이 갔다. 돼지 이빨을 엮어서 만든 목걸이, 조개를 갈아 만든 팔찌, 화려한 가죽제품, 머리뼈에 가죽을 씌워서 만든 타악기, 피리인 궤나가 눈길을 사로잡았다. 몸을 치장하기 위한 치레 걸이, 주술적인 의미와 용감함, 사랑하는 사람의 흔적을 영원히 몸에 지니고 싶은 간절함이 배어 있다.

궤나는 고대 잉카인들이 연인의 정강이뼈에 구멍을 뚫어 만든 피리로 몸에 지니고 다니면서 떠난 이가 그리울 때마다 부는 악기다. 인생은 고되다. 슬픔, 분노, 죄책감과 같은 고통과 고인의 추억이 떠오를 때마다 궤나를 불며 한을 삭이고 위로를 받았을 것이다. 연인의 정강이뼈로 만들었다니 섬찟하다. 죽은 영혼이 천상에서 복을 누리라는 기도였나, 아니면 그리울 때마다 궤나를 불어 혼과 교류하며 위로받기 위함인가. 우리나라 단소와 비슷한 소리를 낸다고 한다. 버들피리보다 길고 굵으니 중후한 저음일 것 같다. 그립고 보고 싶은 맘이 사무쳐서 간장을 녹이는 소리가 날 것 같아서 들어보고 싶었다. 꿰나를 소재로 한 글이 여러 편 있다.

오늘은 거리를 가는데 종일 정강이뼈가 아파 전생에 두고 온 누가 전생에 두고 온 내 정강이뼈를 불고 있나 보다. 그립다 그립다고 종일 불고 있나 보다. (「궤나」, 김왕노 시 일부)

페루의 남부 쿠스코(Cuzco)지방에는 망차이 푸이투(Manchay Puytu)라는 궤나의 전설이 있다. 한 성직자가 먼 길을 떠났다가 사랑하는 여인을 위하여 보석과 옷가지 등 선물을 가득 싣고 돌아왔다. 그런데 여자는 죽어 교회 앞에 묻혀있었다. 절망과 슬픔에 빠진 성직자는 밤에 몰래 그 여인의 시체에 보석을 두르고 옷을 입혔다. 그리고 정강이뼈로 궤나를 만들어 3일 동안, 먹지도 자지도 않고 앉은 자세로 궤나만 불었다. 전한다.

티베트에서는 머리뼈를 맞대어 타악기를 만들고, 에스파냐인들은 손가락 길이의 대롱 뼈를 연결한 긁개로 탬버린을 두드려 소리를 낸다. 당나귀 턱뼈로 만든 우이루는 지금도 거리의 악사들이 연주하는 타악기다. 동래 낙민동 유적지에서 발견된 선사시대의 각골악기는 사슴뿔 외면을 촘촘하게 파서 만든 악기다. 홈이 난 곳을 술대로 문질러 소리를 내는 찰 음악기로 부산박물관에 있다. 죽은 영혼을 위로하고, 정을 떼지 못하여 몸에 지니고 싶은 애틋한 마음이 담겨 있다.

나라마다 환경이 다르고 풍습이 다르니 이해하기는 힘들지만, 죽은 사람을 편히 보내려는 마음과 정성, 추억은 쉽게 잊지 못한다. 우리는 상여를 멘 사람들이 선소리에 맞춰 후렴을 복창하고 회다지도 가락에 맞게 발을 맞추며 죽은 자를 위로하고 힘든 일을 함께한다.

티베트는 대부분 나무가 없는 바위산이라 매장을 할 수 있는 땅이 부족하고 화장할 나무가 없다. 겨울이 길어 언 땅을 파기도 힘들고 얼음 속에서는 썩지 않으니, 조장을 한다. 사방이 첩첩 산으로 쌓여 있어서 먼 곳을 나가보지 못하고 일생을 마친 사람들이 독수리에게 육신을 보시하면 혼은 새와 함께 하늘로 떠난다는 믿음이 있다. 먼 곳으로 날아가고 싶은 내 핏줄의 원이 담겨 있으니, 하늘을 나는 독수리를 향해 궤나를 불겠다.

반려동물이 죽으면 화장하고 나온 뼛가루를 백토와 섞어서 도자기로 만들어 장식장에 보관한다고 한다. 도자기는 천 년이 가도 변하지 않는다. 얼마나 정이 깊었으면 도자기로 만들어 평생 지니고 싶었을까? 검은 머리 파뿌리가 될 때까지 함께 하지 못해 밤마다 눈물이 강을 이루니 그 마음을 이해한다.

사람마다 애장품이 있다. 남편은 낚시를 갈 때마다 제일 먼저 라디오를 챙겼다. 음치지만 영화음악이나 경음악 듣기를 좋아하던 사람이다. 한낮이면 물고기들도 낮잠에 들어가고, 사람도 나무 그늘에 누워서 라디오를 통해 세상 돌아가는 뉴스를 듣고 음악을 듣는다. 집에서도 TV 보는 시간보다 음악 듣는 사간이 더 많았다. 병원에 입원했을 때도 라디오로 여성 시대를 듣고 음악을 들었다. 간호사가 TV가 잘 나오니 보시라. 하였을 때 우리는 그냥 고개만 끄덕였다.

무덤이나 관속에 애장품을 넣어 준다고 하지만 화장을 하니, 무덤 속에 낚싯대와 라디오를 넣어 주겠다는 약속을 지킬 수 없었다. 나에게 궤나는 라디오다. 오른쪽 베개 옆에 라디오를 놓고 정채진의 라디오 트로트을 듣고, 자정 무렵이면 음악 전문 기자가 진행하는 음악을 듣는다. 자정 무렵에 흘러나오는 음악은 자장가같이 잔잔해서 편안하다. 음악에 빠져 있는 시간은 달이 없어도 외롭지 않고, 불면의 밤도 두렵지 않다.

소양호의 윤슬을 가르고 잉어가 펄떡 뛰어오르는 사월이다. 통통하게 알을 품고 있는 잉어들이 산란을 위해 수초로 모여드는 모습이 눈앞을 스친다. “시끄럽다고 구박하더니, 뭘 좀 아네.” 음악은 흐르고 꿈인지, 남편이 빙그레 웃고 있다.

허전하고 그리운 마음은 사랑하는 사람을 떠나보낸 다음에 깨닫게 된다. 외출했다가 돌아왔을 때 방 안을 지키고 있는 남편 사진은 방 안을 데워주고 의지가 된다. 손톱깎이를 찾으려고 서랍을 열었을 때 주인 잃은 남편의 인감도장과 선글라스가 가슴을 툭 친다. 궤나가 있다면 숨을 깊게 토해내며 지칠 때까지 신나는 곡을 들려주고 싶다.

# 생인손

생선을 다듬는데 가시가 손톱 밑을 따끔하게 찔렀다. 피가 조금 나오다 멈추기에 대수롭지 않게 여기고 하던 일을 마무리했다. 손끝이 닿을 때마다 뻐근한 느낌이 들더니 하루가 지나자 벌겋게 열이 나고 쿡쿡 쑤셔 수면을 방해했다.

주부 일이 어디 손에 물 안 묻히고 할 수 있는가! 조심하여도 아픈 손가락은 더 잘 부딪쳐 깜짝깜짝 놀라 손가락을 잡고 한참 동안 진정해야 했다. 이만한 덩치가 고작 바늘구멍만 한 상처로 쩔쩔매다니 우습기도 하다. 검지 하나가 쉬는데 일이 느리고 불편해 짜증 났다.

일제 강점기 때, 일본 경찰은 독립운동 하는 애국자들을 붙잡아 대나무 바늘로 손톱 밑을 쑤시는 고문을 하였다니 그 고통이 얼마나 컸을까? 생각만 하여도 몸서리가 쳐진다. 고통을 참지 못해 정보를 제공했다면 더 많은 동지가 붙잡혀, 모진 고문을 당하고 형장의 이슬로 사라졌을 텐데. 모든 비밀을 혼자 껴안고 죽어간 독립운동가의 참을성과 애국심을 존경한다.

돌 지난 아이를 업고 시어머니 생신상을 차리러 갔다. 대문을 들어서니 시어머니는 외손자를 업으신 채, 파스를 덕지덕지 바른 무릎을 쭉 뻗고 수돗가에 엎디어 기저귀를 빨고, 시누는 생인손으로 밤새 앓았다며 손가락을 싸매고 낮잠을 자고 있었다.

시아버님이 돌아가신 후 일어났던 재산싸움 앙금이 남아서 시어머니는 시집온 맏며느리에게도 마음을 열지 않으셨다. 농촌이 싫다고 서울로 가신 시어머니는 셋방이라 좁다며 "종손으로 시집을 왔으니, 이제부터 조상 제사는 네가 모셔라." 제기를 이고 오셨다. 스물다섯 살 새댁이 뭘 알겠나? 차례나 제삿날 배가 남산만 할 때가 있었고, 아이를 업고 헤맬 때도 있었지만, 시어머니는 발길을 끊으셨다.

맹장 수술을 하고 도움을 청했더니 강바닥 반석처럼 가라앉은 목소리로 "사람 써라." 단칼에 거절하셨다. 사흘 만에 퇴원해 배를 움켜쥐고 허리를 끌고 다니면서 살림했다.

섣달에 막내를 낳았을 때도 시어머니는 "나는 애를 낳고도 돌아서서 밥을 끓여 먹었다." 하셨다. 아들을 낳은 덕에 일주일 동안 시어머니 도움을 받을 수 있었다. 석 달 뒤 몸을 푼 당신 딸은 "몸이 약해 어지럽다는구나." 하시며 한 달 동안 몸조리시키셨다.

자정이 넘도록 가슴속에 꽁꽁 싸매두었던 기억이 쏟아져 나와 온몸을 휘젓고 다녔다. 가슴속의 응어리가 눈시울을 건드리니 눈물둑이 터져 홍수가 날 것 같아 숨을 크게 쉬며 돌아누웠다. 잠자리가 바뀌고 오만가지 망상이 떠다니는데, 아이까지 자다 깨서 울어 잠을 설쳤더니 편두통이 오고 혓바늘이 돋았다. 맘이 편치 않아 점심때쯤 이모 두 분이 오신다는데 음식 해 놓고 아침에 미역국을 끓여드렸으니 내 할 일을 했다는 생각이 들어, 아이들 하교 시간에 맞게 간다며 나섰다.

내 애들을 출가시키고 나서야 시어머니 맘을 알 것 같다. 아들만 삼 형제를 낳은 후 터울 져서 태어난 막내딸이니 좀 귀한 딸인가! 곁에 두고 살림을 도와주셨다. 근심 중에 자식 근심이 가장 크다는데, 여러 자식 중에도 못나고 못사는 자식에게 더 마음 가는 것이 부모 맘이다.

사위가 집 나가 연락을 끊어서 끼니를 걱정하니 안타까운 마음에 아이를 키우고 살림을 맡으셨으리라. 아들한테 생활비와 병원비를 타 쓰는 형편에 보태줄 수 없고, 그렇다고 자식이 둘이나 되니 이혼을 시킬 수도 없는 시어머니 맘인들 오죽하셨겠나.

우윳값을 벌겠다고 아이를 업고 팔이 저리도록 수출품 스웨터를 뜨는데, 노후 걱정 안 하신 시어머니께 생활비를 보낼 때마다 심사가 뒤틀렸지만, 부모가 굶는데 어쩌겠나. 아흔을 넘어 병원을 전전하면서도 아들네 집을 마다하신 시어머니. 생활비와 병원비에 허리가 휘어도 나는 늘 홀시어머니를 모시지 못한 죄인이었다.

천륜을 어찌 끊을 수 있겠는가. 마지막 가시는 길에 말씀은 못 하셔도 힘든 모습에 가슴의 응어리가 스르르 풀려나갔다. 자존심 때문에 가족한테조차 사랑받지 못한 어머니의 생이 불쌍해서 눈물이 펑펑 쏟아졌다.

나도 본의 아니게 못된 시어머니 노릇을 하고 있지 않나? 가끔 되짚어 본다. 부모와 자식 간에는 가슴에 묻어두어야 할 말이 많다. 며느리가 못마땅할 때가 있어도 아들 맘이 편치 않을까 봐 내색 못 하고 말을 아낀다.

사나흘 쑤시던 생인손이 눈곱만 한 고름을 뱉어내더니 아픔이 멎었다. 시누는 시어머니에게 평생 생인손이었다.

# 가슴이 따뜻한 사람

개인 문집을 발간하고 나면 보내는 일이 만만치 않다. 주소가 분명치 않으면 주소를 찾고, 우편번호를 찾느라 며칠 매달려 있어야 한다.

문인협회 행사 때 개인 문집을 쌓아 놓고 가져가라지만 성의가 없어 감사한 마음이 반감되고 책은 무거워서 들고 다니기가 귀찮다. 정부 출연 기관에서 지원받아 발간하였다면 발송하는 수고와 발송료는 부담하는 게 예의라 생각한다.

지인의 말에 의하면, 사진과 함께 강원일보에 보도된 수필집 상재 소식을 보고 축하한다는 인사와 함께 읽고 싶으니 보내줄 수 있나 물었단다. 이 년 전에 본인 수필집을 우편으로 보냈기에 보내주리라 믿었는데, 태원출판사에 가서 이름을 적고 가져가라고 하더란다. 지가, 무슨 인기 있는 작가라도 되나. 다작은 하지만 깊이 있는 글이 아니다. 문단 경력은 앞서지만, 나이로 치면 내가 한참 선배다. 출판사까지 찾아가서 이름을 적고 찾아가라고 건방을 떠니, 앞으로는 길에서 마주쳐도 모른 척하겠다며 열변을 토했다.

내 작품 수준이 걱정되고, 책이 흔해서 읽지 않고 버려지기도 한다니 나누는 일도 쉽지 않다. 작품집을 보내온 작가에게 빚을 갚는 심정으로 보내고 꼭 보내야 하는 친지한테만 보낸다.

발송하고 삼 일쯤 지나면 돌아오는 책이 몇 권 있다. 예전에는 반송 우편요금을 받았으나 지금은 우편함에 넣고 간다. 주소를 이전하였거나 아파트 동이나 호수가 빠져 반송되었으니 다시 주소를 문의하고 동과 호수를 확인해 발송해야 한다. 우스갯소리로 시어머니가 아파트를 찾지 못하게 아파트 이름을 어렵게 지었다더니, 이름도 쉽게 읽히지 않는 아파트가 있다.

책을 발송하고 사흘이 지났는데 고양시 일산서구 ○○우체국 이○○입니다. 하는 전화를 받았다. 국제 소포가 도착하였다는 전화를 여러 번 받은 기억이 있어서 순간 금융사기 같은 생각이 들어서 끊어버리려다 내 이름을 묻길래 무슨 일이냐 물었다. 발송한 책의 아파트 동이 누락 되고 호수만 적혀 있어 배달할 수 없으니 동 번호를 문자로 보내주시면 배달하겠다고 한다. 착하고 바르게 산 사람은 몸에서 빛이 나고, 말에는 향기가 난다. 부드러운 전화 목소리에 정이 담겨 있어 사기범으로 착각하고 까칠하던 내 목소리가 부끄러웠다.

발송자의 잘못이니 그냥 반송하면 편할 텐데 전화요금까지 부담하면서 알려 주니 고맙다. 전화 한 통으로 반송 우편물을 배달하는 동료의 부담을 덜어주고 다시 발송하는 내 수고를 덜어주니 얼마나 고마운가. 전화 한 통으로 몇 사람이 편하다. 전화금융사기를 의심하던 마음에 따뜻한 기운이 퍼져서 목소리가 상냥해졌다. 지금 밖이니 집에 가서 문자로 보내드리겠다는 말과 고맙다는 말을 여러 번 했다.

우리 집은 우편물이 많이 들어온다. 직업이라고 해도 춥고 미끄럽거나 궂은 날씨에 우편물을 배달하니 고맙다. 교동 11번지라고 한 우편물도 들어왔다. 교동 11번지는 큰길을 경계로 후평동과 교동으로 나뉘고 서쪽은 축대가 높아 골목을 돌아서 언덕을 한참 올라야 한다. 11번지 안에는 9통까지 있어 찾기 힘들다. 우체부의 세심한 배려가 없었다면 주소 불명 이유로 반송되었을 것이다.

학교 다닐 때는 크리스마스와 연말에는 손수레를 끌고 다니는 청소부와 큰 가방을 메고 다니는 우체부에게 장갑이나 양말을 보냈다. 우체부한테 인사를 하고 싶어도 오토바이 소리를 듣고 이층에서 나오면 휙 지나가 만날 수 없다.

어느 날 들기름을 짜서 들고 오다가 우체부와 마주쳤다. 우편물을 넣고 오토바이를 타려는 사람을 “잠깐 기다려 주셔요.” 하며 가로막았다. 무슨 일이냐기에 우리 번지를 대고 이름을 대며 우편물이 많이 들어와 고맙다는 인사를 하였다. “제 일인걸요.” 하며 반긴다. “제가, 농사지은 들기름입니다.” 손사래를 치는데 들기름 한 병을 들려주며 돌아서니 마음이 편했다.

연말이나 연시가 아니더라도 정을 나누면 내 마음이 따뜻해진다. 주인을 찾지 못하고 되돌아가는 우편물이 종종 있겠다. 일산에서 집마다 정을 나누어 주고 계신 그분께 연하장이라도 보내드렸으면 좋았을 텐데, 전화번호를 삭제해 버려서 후회된다.

# 우정 꽃

친구와 자주 만나지 못해도 텔레파시가 통할 때가 있다. 조심하라며 꿈 이야기를 들려주면 여지없이 발목을 삐끗하거나 칼질하다가 손가락을 베는 일이 생긴다.

답답하고 힘들 때마다 친구의 전화번호로 손이 간다. 그렇다고 속상한 마음을 친구한테 털어놓는 것이 아니라 근황을 묻고 알맹이 없는 일상적인 이야기를 떠들지만, 언니를 만난 것같이 편안하고 내 편이 있는 것 같아 든든하다.

추억은 우려내고 곱씹어도 질리지 않는 이야깃거리가 된다. 친구와 나는 조그마한 마을에서 태어나서 고개를 넘고 냇물을 건너 오리가 넘는 초등학교를 걸어 다녔다. 친구의 어머니는 3남 1녀를 두셨지만, 계산을 못 해 살림은 작은댁이 맡아서 하였다. 피부가 희고 인물이 좋아도 집안일이나 학교행사는 늘 작은댁이 참석하고 엄마는 소처럼 억척스럽게 일만 하셨다. 아이를 생산하지 못하는 작은댁이 친자식처럼 살갑게 대해도 돈을 탈 때마다 눈치를 보며 수학여행 보내달라는 소리를 못 하고 학교에 남아 자습하던 친구다.

눈만 뜨면 몰려다니는 것이 일상인 우리는 부모가 안 계신 틈을 타서 집안일을 돕는다는 것이 그만 일을 저지르고 말았다. 나는 짚을 한 움큼씩 집어 주고 그 친구가 작두에 집을 먹이고 다른 친구는 작두를 밟으며 신나게 여물을 썰다가 친구의 왼손 검지 한 마디가 끊겨 피가 솟구쳤다. 우리는 무서워서 숨었고 동네가 발칵 뒤집혔다. 병원에서 치료받았지만, 손가락 한 마디가 없는 친구는 늘 손을 감추는 버릇이 생겼다.

중학교 진학을 못 한 친구는 농사일에 매달렸고 나는 읍내에 있는 학교 다니느라 자주 만날 수가 없었다. 고등학교 2학년 겨울 방학이 끝나갈 즈음 친구는 떡을 치마폭에 숨겨서 들고 왔다. “나 약혼했어.” 하며 약혼 사진을 불쑥 내밀었는데 한복을 입고 화장을 한 모습이 낯선 사람 같았다.

시집가기 싫다며 울먹이던 친구는 나이가 일곱 살 많은 신랑한테 시집을 갔다. 고등학교 졸업을 하고 친구가 보고 싶어 주소를 들고 30리 길을 찾아갔다. 이마에 땀띠가 빨갛게 돋은 사내아이를 업고 있던 친구는 반가워 어쩔 줄 모르며 눈물까지 글썽였다. 개는 어찌 그리 짖는지! 들어오란 소리도 못 하고 담 밑에서 대화를 나누다가 “너는 늦게 시집가라” 하는 친구를 남겨둔 채 돌아오는 발걸음이 떨어지지 않았다.

시아버지가 중풍으로 쓰러진 것과 한우 파동으로 손해를 입은 것은 사람이 잘못 들어와서 그렇다며 며느리 탓을 했고, 아이들이 공부 못하는 것도 엄마를 닮았다며 시집살이시켰다.

"네 자취방에 한 달만 숨어있으면 안 되겠니?" 하다가, 자식이 걸려 죽을 수도 없다. "미안해" 하며 눈물을 쏟던 친구.

세월 앞에 서릿발 같던 시어른도 돌아가시고 아이들도 독립해 나갔다. 부부의 정이란 알 수 없는 것. 외출복을 사러 간다기에 따라갔더니 제 옷은 못 사고 남편 옷과 손주들 옷만 사고, 남편이 좋아한다며 찐빵을 사 들고 함박 웃는 바보다.

서울에 있는 아들 집에 가서 금요일까지는 아이를 돌보고 살림을 도와준 후 막차로 내려와 집안일 해 놓고 월요일 첫차로 올라간다. 허리가 아프다. 무릎관절이 아프다. 하면서도 하루만 지나도 손주들 걱정을 한다.

넌 언니가 있어서 좋겠다고 부러워하는 친구. 여행 한 번 못 가보고, 늙는 친구를 생각하면 가슴이 답답해지다가도 "땅 팔아 애들 아파트 한 채씩 마련해 주고 큰소리치니, 이만하면 늦복은 타고난 것 아니냐." 막내 손주가 학교에 들어가면 원 없이 여행을 다니겠다며 활짝 웃는다. 친구의 올라간 입꼬리가 내게로 전해 온다.

# 어부바

코끝을 스치는 바람이 차다. 포대기 속에 손을 넣어 아이의 두 발을 꼭 잡고, 색~ 색 아이의 숨소리에 맞춰 발을 떼어 놓는다. 아이의 볼이 등에 닿아 따뜻하다. 컴컴한 골목길을 걸을 때, 말은 못해도 등허리에서 꼼지락거리는 어린것이 많은 의지가 된다.

집안일을 빨리 끝내거나 외출할 때는 업는 게 안전하고 편하다. 될 수 있는 한, 포대기 속으로 아이의 팔을 넣고 끈을 착착 감아 허리에 꼭 묶으면 아이와 한 몸이 되어 손에 물건을 들 수 있다.

아이는 잠투정할 때나 콧바람을 쐬러 나가고 싶을 때는 포대기 끈을 끌고 와서 '어부바' 하며 등에 매달린다. '어부바' 받침이 없는 낱말이라 발음하기가 쉬워서인지 말을 배우는 아이가 먼저 하는 말이다. 빨래나 부엌일을 할 때는 물론 잠자는 시간을 빼면 하루의 절반쯤은 아이가 등에 매달려 있다.

어느 날 슈퍼에 가서 물건을 고르는데 등에 있던 아이가 사기그릇을 잡아채는 바람에 떨어졌다. 그릇 깨지는 요란한 소리에 직원이 달려와 다친 데 없냐며 뒷수습한다. 많은 사람의 시선이 일시에 쏠려 얼른 그릇값을 물어주고 벗어났다. 장을 제대로 못 보고 돈만 쓰고 와서 속상하다고 푸념하니, 옆집 어르신은 가슴에 묻어두었던 사연을 토해내신다.

옛날에는 양잿물을 풀어 빨래를 삶았다. 누에를 쳤는데 누에가 잠을 잘 때는 뽕잎을 먹지 않기 때문에 일손이 좀 난다. 뽕잎을 따고 밭일하며 풀물 든 식구들 옷을 모아 양잿물을 풀어 앉히고 아이를 업은 채 불을 때고 있었다. 빨래가 끓어 넘쳐서 급하게 솥뚜껑을 열고 빨래를 뒤집는데 등에 업은 아이의 손이 양잿물 덩어리에 닿았는지 집어삼켜 '캭' 하며 피를 토하더니 죽었단다.

어미의 부주의로 눈 깜 짝할 새 등에서 피를 토하며 죽어가던 자식의 모습을 어떻게 잊을 수 있겠는가. 자식이 죽으면 가슴에 묻는다더니 백발이 된 지금까지도 그때의 모습이 생생하게 떠오른다며 명치끝을 쓸어내리신다.

어느 날 아카시아를 업고 씩씩하게 크는 버즘나무를 보았다. 버즘나무 위쪽에 아카시아꽃이 서너 송이 피었기에 눈에 띄었지, 그렇지 않았으면 푸른 잎 틈에 있어 눈에 띄지 않았을 것이다.

아카시아가 버즘나무에 업혀 있으니, 연리지는 아니다. 버즘나무 몸 위쪽 파인 곳에 먼지와 흙이 쌓였고, 아카시아 씨가 그곳에 날아와서 뿌리를 내렸나 보다. 나무를 온전하게 붙잡아 주는 것이 뿌린데, 그곳에 뿌리를 내렸다고 해야 얼마나 깊이 내리겠는가. 맘씨 착한 버즘나무가 아카시아의 어린 생명을 내치지 않고 보듬으며 바람을 막아주기에 가능하리라.

큰 나무 밑에서는 새싹이 자라기 힘든데 높은 곳에 자리를 잡은 아카시아가 햇빛을 받을 수 있어 자라는가 보다. 아카시아의 푸른 잎으로 버즘나무의 상처를 가려주고 꽃을 피워 멋과 향을 주며 세월을 공유한다. 서로가 도움이 되는 동거다.

사람의 관계도 귀찮다고 밀어내거나 따돌림을 주지 말고, 저 나무들처럼 서로 보듬고 살면 좀 좋나.

'어부바' 듣기만 해도 가슴이 따뜻해지고 정이 가는 말이다. 업는다는 것은 한 생명체의 무게를 내가 고스란히 감당하겠다는 의지며 한 사람의 걸음으로 둘이 함께 나가겠다는 뜻이다.

요즘은 아이나 어른이나 호강이다. 혼자 장을 보는 일이 드물고 자가용 안에 차 시트와 유모차를 싣고 다니기에 주부 일이 한결 쉽다. 어깨띠는 아이의 행동이 자유롭다. 가끔 손녀를 업고 마을을 한 바퀴 돌고 싶을 때가 있다. 손녀에게 '어부바.' 해도 알아듣지 못하고 밀어낸다. 아이는 업히는 것을 싫어하고 안으라 하니 팔에 힘이 없고 허리가 꺾여 안아주기를 포기한다. '어부바'도 우리 세대를 끝으로 잊히는 것 같아 안타깝다.

# 게릴라 가드닝

외국어 합성어가 많이 통용된다. 게릴라 가드닝은 '자기 땅이 아닌 버려진 빈터에 꽃이나 나무를 심는다.' 해서 붙인 국제적으로 통용되는 단어다. 2,000년대 중반부터 미국과 영국에서 시작되어 세계로 빠르게 퍼져, 5월 1일을 세계 게릴라 가드닝 날로 정하였다.

녹색은 눈의 피로를 풀어주고 마음을 안정시켜 주는 효과가 있다. 수목원이나 공원이 아닌, 뜻하지 않은 곳에 활짝 핀 꽃을 보면 숨통이 트이는 것 같고 반갑다. 서양의 마당인 정원이 시각을 즐기는 공간이라면, 우리 마당은 추수철마다 무대가 되는 생활공간이며 아이들이 땅따먹기하고 자치기하는 놀이 공간이다.

젊어서는 바쁘기도 하지만 사연에 관심이 적어 중앙분리대나 도로변에 핀 꽃을 보지 못하고 지나쳤다. 나이 탓인가! 시멘트 틈을 비집고 올라온 생명이나 골목길에 버려진 공터에서 방글방글 웃는 꽃을 만나면 사랑스러워 눈길이 오래 머문다.

스티로폼 상자에 흙을 담아 채소나 꽃을 심어 놓거나 길옆에 벽돌을 쌓아 꽃밭을 만들면 지저분하고 궁상맞아 보였는데 언제부턴가 그 작은 생명이 꽃을 피우고 올망졸망 씨를 맺는 모습이 기특하여 물 한 바가지 주고 싶은 마음이 든다.

우리 집 근처에는 집을 짓고 남은 조그만 자투리땅이 있다. 그 앞에는 분리 수거하지 않고 내다 버린 온갖 쓰레기들이 악취를 풍기며 쌓여가고 있었다. 옆집 할머니가 쓰레기를 치우고 벽돌로 경계를 만든 후 채소를 심어 가꾸신다. 젊어서부터 부지런함이 몸에 밴 습관으로 무료한 시간을 보내기 위한 할머니만의 소중한 공간이다.

주차 공간이 좁아 할머니의 공간을 자주 침범하자 아예 나무를 주워 말뚝을 박고 비닐 끈으로 둘러쳐 불편하기도 하고 지저분한 느낌이 들었다. 시장에 가면 싱싱한 채소를 쉽게 구할 수 있는데 자동차 매연이 심한 길가에 돌을 주워내고 땅을 파서 채소를 심고 힘들게 사는 모습을 이해하지 못했다.

어느 날부터 할머니의 공간에는 무엇이 자라나 관심이 생겼고 비가 온 뒤로 쑥쑥 크는 채소에 눈길이 갔다. 채소밭 바깥쪽으로는 알록달록한 채송화와 과꽃이 무더기로 피고 밭 분꽃이 밤을 밝히니, 친정집 마당같이 느껴져서 정이 간다. 할머니의 공간이 아주 조금씩 넓어질 때마다 주차 공간이 좁아져 불만이었으나 여름내 꽃을 볼 수 있으니 차 문을 열고 내릴 때 밟지 말라 잔소리한다. 굽은 몸을 움직여 싱싱한 푸성귀를 얻는 낙으로 사시는 할머니의 인생철학이 담겨 있다.

쌀알만 한 꽃에도 꽃받침이 있고 암술과 수술이 있으며 꽃이 갖추어야 할 것은 모두 갖추고 있다. 꽃마다 생김새가 다르고 색과 향이 다르다. 들꽃에 관심 두니 잡초라고 업신여기던 풀이 새롭게 다가온다. 꿀을 빨아 먹던 꿀 풀을 보면 어렸을 때의 그림 한 자락이 튀어나오고, 강한 번식력 때문에 괄시받던 개망초가 흐드러지게 핀 묵정밭을 지날 때면 눈물이 난다. 유리창 효과라고 쓰레기가 있는 곳에는 쓰레기가 자꾸 쌓이게 마련이다. 버려진 작은 공간에 예쁜 꽃을 심으면 거리 분위기가 훨씬 밝아질 것이다.

불편하다고 생각한 골목길과 좁은 계단이 특색있는 벽화마을로 탈바꿈하여 관광객이 찾아와 관광 소득이 늘고 정서 생활에 도움이 된다는 뉴스를 보았다. 때로는 불편한 것, 작은 것에서 안정을 찾을 수 있고, 이야기가 담겨 있어서 흥미를 끌기도 한다. '작은 것에도 만족을 알면 행복을 보는 눈이 열린다.' 하였다.

선진국일수록 환경보호에 심혈을 기울인다. 게릴라 가드닝 날을 만든 이유를 알 것 같다.

# 따뜻한 날의 기억

### -『내 영혼이 따뜻했던 날』을 읽고

『내 영혼이 따뜻했던 날』(포리스트 카터 지음) 책은 1976년에 처음 출판되었고 1991년 뉴욕타임스에 17주 동안 베스트셀러 1위를 하였으며, 제1회 애비상을(American Booksellers the Tear) 획득하였다.

체로키족인 다섯 살 작은 나무는 부모를 잃고, 조부모님과 산속에서 절약, 정직, 배려를 배우며 산다. 산꼭대기에 별들이 폭발을 일으키고 얼음 덮인 나뭇가지들이 햇빛에 녹아 눈부시게 반짝인다. 나무 사이에서 바람이 휘파람을 분다. 산이 깨어나고 있다.

체로키족은 숲에서 아이들이 한 일을 꾸짖는 법이 없다. 우리는 대지의 한 부분이기 때문에, '신선한 공기, 땅의 온기, 시냇물, 꽃, 사슴 등은 우리의 소유물이 아니라고 생각한다.' 누구나 필요한 만큼만 가져간다. 동물도 느리고 약한 것만 잡아야 무리가 더 강해지고 번식률이 높아 다음 세대에도 걱정 없이 자연과 함께 살아갈 수 있다. 아이들은 자연에서 보고 배운다.

살아가는 데는 필요한 마음과 영혼이 있다. 몸이 죽으면 몸을 꾸려가는 마음도 함께 죽고 영혼만 남는다. 영혼은 쓰면 쓸수록 더 강해져 이해와 사랑하는 힘을 얻는다.

모든 사물에는 영혼이 있다. 영혼이 빠져나간 죽은 나무만 땔감으로 쓰는데, 눈이 쌓인 겨울에 화로에 불을 피워서 언 몸을 녹인다. 사슴의 가죽으로 옷과 신을 만들고, 옥수수죽과 말려두었던 사슴 고기를 먹으며 평화롭게 살고 있다.

작은 나무의 부모는 체로키족의 전통에 따라 결혼식을 하고 작은 나무를 낳았으나, 혼인신고를 하지 않아 작은 나무는 사생아다. 투표권이 없는 그들도 미국의 법을 지켜야 하는 시민으로 조부모는 사생아인 '작은 나무'의 후견인이 될 수 없다. 법률에 따라서 아동보호 시설로 보내져 예배에 참석하고 글을 배워야 한다.

친구와 노는 법을 익히지 못했고 성경 암송을 못 하는 작은 나무는 아동보호시설에서 적응하지 못해 따돌림을 받고 툭하면 등허리에서 피가 흐르도록 채찍을 맞는다. 밤마다 별과 나무와 대화를 나누며 할아버지를 그리워하는 작은 나무의 모습을 생각하면 눈물이 난다.

인디언들은 영국과 프랑스의 전쟁 때는 프랑스 편을 들었으나 영국이 승리하였고, 영국과 미국의 전쟁 때는 영국 쪽에 섰고, 남북전쟁 때는 대부분 남부에 가담하였다가 남부의 패배로 삶의 터전과 권리를 잃었다. 체로키족과 아파치족은 강제 이주하는 동안 굶주리고 환경이 열악해 절반은 죽었다. 숲을 개간하여 옥수수를 심어 기름진 땅을 만들어 놓으면, 정치가들의 눈에 띄어 붉은 기를 꽂고 그들을 쫓아냈다. 그들은 더 깊은 산속으로 숨어 목숨을 부지하였다.

체로키족은 주위에 있는 모든 게 약이 되고 양식이 된다. 항상 자연에 감사하며 사냥하고 농사짓는 법, 아이들을 교육하는 일 등 시대의 변화에 적응하기보다는 조상이 살아온 방식대로 불편 없이 살고 있다.

이 땅은 조상에게 물려받은 게 아니고 가꾸어서 우리 후손에게 물려 주어야 할 땅이다. 지난 일을 모르면 앞일도 알 수 없다. 자기 종족이 어디서 왔는지 모르면 어디로 가야 할지도 모른다고 가르친다.

세계 여행과 오지 탐험 프로에 소수민족들의 생활상과 전통을 볼 수 있다. 그들의 공연은 관광객의 흥미를 끌 수 있고, 공연료는 생활이 보탬이 되지만, 면역이 약한 그들에게 질병을 옮기고 새로운 문물을 전파해서 정체성을 잃고 생활이 바뀌고 있다. 그들의 터전을 보존하고 문화를 존중하였으면 하는 아쉬움이 남는다. 반세기가 지나도 고전은 큰 울림을 준다.

# 이산가족 상봉 이야기

신형 무기를 앞세우고 발맞추어 행진하는 북한의 열병식을 보면 섬뜩하다. 가슴에 훈장을 주렁주렁 달고, 수첩에 김정은 말을 받아 적으며 수행하는 모습은 영화 속의 한 장면을 보는 것 같다. 북한이 대륙간 탄도미사일을 계속 발사하고 있으니, 세월이 가도 침략의 야욕은 변함없는가 보다.

열병식 모습을 보니, 20년도 더 지난 이산가족 화상 상봉 모습과 북한 이주민 봉사를 하던 일이 또렷이 떠오른다. 그때는 머지않아 통일의 꿈이 이루어질 것 같았는데 통일의 씨앗은 지금까지 잠자고 있다.

강원 적십자사에서 이산가족 화상 상봉이 있어 참가하였다. 화상 상봉하시는 분들은 고령이라 보건소 직원이 혈압과 맥박 등 간단한 검사를 하고 만약을 대비해서 119구급대원과 봉사원이 지켜보고 있다.

부모님을 포함하여 1남 2녀와 아내를 북에 두고 혼자 월남하신

94세 되신 분이 상봉장에 오셨다. 북한에 있는 두 딸이 “아버지 절 받으시오” 큰절을 올리며 화상 상봉이 시작되었다. 곁눈질하거나 대본을 읽는 듯한 부자유스러운 모습이 예전보다 많이 개선되었으나 벨벳으로 만든 똑같은 한복과 곱슬곱슬하게 파마를 한 머리 모양이 퍽 인상적이다.

양쪽에서 준비한 사진을 설명하며 가족들의 나이와 이름을 확인하고 기억을 더듬으며 말문이 트였다. 떨어져 있는 세월이 너무 길어서인가 중간중간 대화가 끊길 때마다. “내가 죄인이다.” 아버지의 한숨이 터졌다. 대화의 실마리를 찾지 못하고 시간만 가서 보는 사람이 답답해 죽을 지경이다.

신앙심이 깊은 아버지는 새벽마다 교회에 나가서 통일을 기원하는 기도를 드린다. 하자. “하나님이 어디 있어요.” 큰집 식구들은 미국으로 이민갔다. 하면 “내 나라 놔두고 미국은 왜 갑니까?” 막내 이모는 어찌 지내냐 하면 “전쟁통에 미국 놈의 쌕쌔기에 맞아 죽었시오.” 붕어빵처럼 닮은 아버지와 딸의 대화는 물 위에 뜬 기름 같이 겉돌기만 한다.

자녀들 모두 좋은 직장에 다니며 수령님이 주신 문화주택에서 잘살고 있으며, 남한의 신문과 방송을 자유로이 보고 들을 수 있다고 큰소리를 친다. 순수한 가족 상봉이 이루어져야 할 화상 상봉에서조차 당을 선전하며 정치 도구로 이용하고 있다. 가슴속에는 듣고 싶거나 하고 싶은 말이 켜켜로 쌓여 있을 텐데 사상과 이념이 갈라놓고 있다.

우리 집은 일 년에 한 번씩 아버지 제사 때마다 형제들이 다 모인다. 나란히 누워 어렸을 때의 추억이 담긴 이야기보따리를 풀며 밤을 꼬박 새워도 모자란다.

부녀간에 그 긴 세월을 풀어내려면 오죽이나 할 말이 많을까 생각했는데 우두커니 서로를 지켜보다가 주어진 두 시간을 채우지 못했다. 생사를 확인하고 얼굴을 한 번 확인한 것으로 만족해야 할 것 같다. 그들은 기약 없는 기다림의 형벌이 다시 시작되고 있다.

94세의 연세에도 불구하고 운동을 꾸준히 하신다는 당당한 모습은 어디로 가고 아들의 사망 소식을 안고 화상 상봉장을 떠나는 모습이 너무 작고 쓸쓸해 보였다.

당의 배려로 이밥 먹고 문화주택에서 잘 지낸다는 말을 반복하지만, 나이답지 않게 골이 깊게 파인 주름은 고생의 흔적이 겹겹이 쌓여 있다. 아버지는 앞니가 빠지고 주름진 딸의 모습보다는 차라리 소녀 때의 귀여운 모습을 영원히 기억하고 싶겠다. 떨어져 산 세월이 길어 할 말이 없다거나, 화면으로 잠시 보고 나면 마음에 상처만 남을 것 같아 이산가족 상봉 신청을 했다가 취소하는 사람도 있단다.

많은 세월이 흘러 한 핏줄이라는 이유만으로 통일을 이루기에는 그 대가를 너무 많이 치러야 하겠다. 차라리 한나라 두 체제로 그냥 가는 것이 좋겠다는 생각이 들었다.

분단의 세월이 70년 더 지났으니 너무 길다. 우리는 오랜 세월 너무나 큰 상처와 한을 가진 채 살아왔다. 전쟁의 상처가 깊은 사람들은 그들이 두렵거나 귀찮은 존재로 여기기 쉽다. 그동안의 행적으로 상처받기 쉬운 개인적인 문제는 덮어주고 빠른 정착을 할 수 있도록 도와주자.

동질성 회복을 위해 각계각층의 사람들이 자주 만나야 한다. 남북으로 갈라져 각자 살아온 사람들이 예전처럼 살기는 힘들다. 우리는 한 집에 모여 살기를 원하는 것이 아니라 보고 싶으면 볼 수 있고 자유롭게 서신을 주고받기를 원한다. 잘 차려진 호텔이나 면회소가 아닌, 그리운 고향이나 어머니가 계신 집에서 된장국을 먹으며 이야기꽃을 피우고 싶다. 경조사에 참석하여 기쁨과 슬픔까지도 함께 나누는 가족 구성원이 되고 싶다.

세계는 점점 더 빠르게 변하고 있고 자국의 이익을 위해서는 민족과 국경도 초월한다. 미래 지향적으로 문제를 해결할 줄 아는 성숙한 국민이 되어야겠다. 우리 민족의 장래는 우리가 이끌 수밖에 없다.

남북통일은 경제적인 이익과 전쟁의 재발은 막으면서 갈라지고 상처 입은 우리 민족의 정신을 이어야 한다. 남북으로 막혀있는 동맥이 다시 뛰게 하자.

# 금수저 푸바오 판다

푸바오란 이름은 '행복을 주는 보물'이란 뜻이다. 판다는 쓰촨성 일대에 서식하며 중국을 상징하는 곰과 동물이다. 복슬복슬한 털, 귀와 눈 주위에 검은 반점이 있는 동글동글 귀여운 외모와 사람처럼 대나무를 손으로 잡고 먹는 행동으로 많은 사랑을 받는다.

푸바오는 2016년 에버랜드 개장 40주년 기념으로 중국에서 온 자이언트 판다 부모 사이에 태어났다. 부모가 우리나라에 온 지 4년 만에 태어난 첫 번째 판다로 태어나면서부터 관심의 대상이었다. 푸바오만의 노래가 있고 카카오톡, 이모티콘도 있다.

당나라 때 외교 선물로 판다 한 쌍을 일본에 보냈다는 기록이 있다. 중국 고유종으로 국외 반출이 금지되었으며 해외에 나가도 중국 소유로 중국식 이름을 지어야 한다. 연간 100만 달러라는 엄청난 임대료와 죽으면 배상금까지 물어야 한다. 관리비와 임대료가 부담 되지만, 동물원에서 가장 인기가 있어 관광객 유치에 한몫한다.

판다는 우리나라에 3마리밖에 없다. 한국에서 태어나도 네 살이 되면 유전자 검사와 친구를 만나고 교배를 위해 중국으로 보내야 하고 다시 돌아올 수 없다.

푸바오가 중국으로 돌아간다는 소식에 나라 안이 들끓는다. 에버랜드에는 곰 인형을 안고 곰 머리띠를 두른 관광객이 푸바오의 행동, 하나하나를 사진으로 남기느라 난리가 났다.

특별전세기에 중국인 사육사와 태어날 때부터 돌보던 강철원 사육사가 동행했다. 본향으로 돌아가는 길도 유튜브에 계속 올리며 관심의 대상이 되었다. 무진동 트럭을 타고 공항에 도착해 검역을 마치고 중국 사천 항공사 비행기로 떠났다. 강철원 사육사는 모친의 사망에도 푸바오의 안전과 정서를 위하여 동행하고 주한 중국대사관 관계자들이 강철원 사육사 모친 빈소를 찾아 조문했다.

세계인이 푸바오의 행동에 관심을 보이니 사람이나 짐승이나 태어날 때부터 금수저란 말이 실감 난다. 백일 날 푸바오란 이름을 받고 백일 잔치와 돌잔치도 에버랜드 유튜브 채널을 통해 방송되었다. 세 번째 생일에는 초청된 고객과 중국대사 싱하이밍이 함께 파티를 열어 특별한 생일 케이크와 대나무 장난감을 선물로 주었다.

푸바오가 금수저라면 흙수저는 우리 안에 갇혀 있는 곰이다. 곰을 키워서 수출할 목적으로 들여왔다. 증식으로 1,300마리까지 늘었지만 '멸종 위기 야생 동물 거래 금지'법이 만들어져서 수출 길이 막혔다. 웅담의 수요가 줄고 동물보호 의식이 높아져 현재는 322마리가 남았다. 2026년부터 곰 사육이 금지되는데 이 곰을 받아 줄 만한 곳이 없다.

출생률 감소로 아이들 수요가 적고, 첨단놀이시설 설치 비용이 많이 들고, 동물보호 인식의 변화로 관광객이 줄어드니 곰을 사육하는 비용이 안 나와 배설물이 질펵한 콘크리트 바닥 철장 속에서 먹이 부족과 피부병으로 야위어 가고 있다. 물론 이 곰들은 이름도 없다. 개인의 자산이라 국가가 마음대로 처분할 수 없다니 이 곰들이 자연사할 때까지 생활할 수 있는 터전을 만들어 주어야 한다.

고대 유럽인들에게 곰은 신앙의 대상이었다. 숭배의 대상으로 곰에 관한 이야기가 많이 전해오고 지명이나 단어에 곰의 뜻을 지닌 곳도 많다. 한국도 건국 신화인 단군 신화에 웅녀가 등장한다. 원시 신앙으로 숭배받던 곰이 무분별한 산림개발로 삶의 터전을 잃고 멸종 위기에 처했다. 동물도 족보를 잘 타고 나야 하나? 곰 인형이나 캐릭터로 사랑받아 위안이 된다.

# 낙석 주의

잠결에 구급차 소리가 요란하여 잠이 깼다. 대학병원 앞이라 가끔 듣는 소리지만 하늘에 구멍이 뚫린 듯 비가 쏟아지는 밤중이니 대형 사고가 난 게 아닌지 불안하다. 번쩍번쩍 번개가 치더니 "우르릉~ 쾅~꽝." 천둥소리에 가슴이 쪼그라드는 것을 보니 평소 지은 죄가, 많은가 보다.

마당의 하수구가 잘 빠져나가지 않으면 물이 넘쳐 지하실로 들어갈 텐데, 나설 엄두가 나지 않는다. 산사태나 물에 잠길 염려는 없지만, TV와 보일러 전원이 나가 먹통이니 좀처럼 잠이 들것 같지 않다. 날이 밝아 핸드폰부터 켰다. 뉴스특보가 계속 흘러나온다. 홍수는 흔적을 남기지 않고 쓸어가는데 얼마나 많은 사람이 피해를 보았을까?

궂은날은 될 수 있는 한 집에 가만히 있는 것도 바쁜 사람과 재난구호팀에 도움이 되는 길이라 생각하였다. 가로수가 부러져서 지나는 차를 덮치고, 승용차가 미끄러져 연쇄 충돌사고로 도로가 막힐 때마다 뭐가 그리 급해 폭우를 뚫고 다니다 사고를 당하는지 안타까웠다.

장마로 며칠째 비가 줄기차게 쏟아지는 가운데 가까운 친척이 돌아가셔 상가에 다녀올 일이 생겨 집을 나섰다. 천천히 달려도 큰 차가 지나가며 도로에 고인 물이 튀어 올라 우리 차는 시야가 가려지고 휘청거려 가드레일을 들이받을 것 같아 진땀이 난다.

금방이라도 머리 위로 굴러떨어질 듯 버티고 있는 바위 사이 사이로 굵고 가는 물줄기가 폭포 같다. 굵은 철망이 씌어 있거나 절개지를 쇠막대로 박아 놓았다. 평소에는 대수롭지 않게 지나가던 길인데 긴장이 된다.

낙석을 주의하려면 어찌해야 하는가? 제한속도보다 빠르게 통과해야 하나, 아니면 아주 느리게 가는 것이 안전한가. 이것이 조심한다고 될 일인가. 태풍에 간판이 떨어지고 가로수가 부러져 덮치거나 산사태로 파묻혀 화를 당한 사건을 볼 때마다, 몇 초만 빨리 달리거나 늦게 달려도 화를 면하였을 텐데. 운명은 하늘의 뜻이라더니 그 순간에 죽을 운명이었나. 머릿속이 복잡하다. 산사태로 한쪽 차선을 막고 무너져 내린 돌덩이를 치우고 있는 모습을 보니 이 구간을 빨리 벗어나는 도리밖에 없다.

바람과 관계없이 나무가 흔들리거나 한쪽으로 기울고, 돌이 굴러떨어지며 땅이 흔들리는 느낌이 나면 산사태가 날 위험 신호란다. 빨리 안전지대로 대피하라고 하지만, 달리는 차 안에서는 감지하기 힘들고, 깊이 잠든 한밤중이라면 도리 없지 않은가.

자연에 맡겨 두는 것이 자연보호며 환경보호다. 물길을 사람의 잣대로 바꾸니 사고가 일어난다. 자연의 순리를 거역한 사람들에게는 언제나 재앙으로 돌아왔다. 산을 뭉텅 잘라내어 펜션을 짓고, 생태공원을 만들고, 길을 뚫어서 인간이 자연을 파괴한 벌을 받는 중인 것 같다.

300년 이상 된 국가유산은 큰 태풍이 지나가도 피해가 거의 없다. 비, 눈, 바람, 토양, 물, 지형, 등 자연현상의 흐름을 기의 작용으로 본다. 땅이 살아야 사람도 산다는 논리가 풍수지리다. 옛사람들은 치수가 곧 국치라는 신념으로 물길을 거스르지 않고 자연에 순응하며 살았기에 큰물에도 피해가 적었다.

중국의 순임금은 우에게 홍수 피해를 막으라는 명령을 내렸다. 우는 진흙 길에 나막신을 신고 썰매를 타고, 다니며, 13년 동안 집에 못 가고 9개 주의 물길을 열거나 제방을 쌓는 고생 끝에 수해를 막았다. 순임금은 우의 치적을 높이 사 아들인, 상균을 대신해 우에게 왕의 자리를 물려주어 태평성대를 열었다.

낙석이 빈번한 위험한 지역이라면 경사도를 낮추거나 콘크리트 터널이라도 만들어 보강할 일이지 경고판을 세워서 불안을 조성하는 것은 옳은 처사가 아니다. 사고가 난 후 하늘과 사람을 탓하기에 앞서 빠른 기후의 변화에 대처할 능력을 키워야 한다.

재해위험지역을 미리 예방하면 호미로 막을 수 있거늘, 늘 예산 타령만 하다가 가래로 막기에 급급하다. 벼락이 칠 때는 가전제품의 코드를 빼놓는 것이 안전하다고 한다. TV와 전화, 보일러까지

AS 기사를 기다리느라 하루가 짧다. 전국이 황토물에 잠겼는데, 비는 내일까지 온다고 하니 종일 뒤숭숭하다. 전국에 산재해 있는 재해 위험한 지역이 무탈하기만을 바란다.

# 영혼의 귀향

'관음보살상은 1999년 남편의 유언으로 찰스 슈미츠 부인이 기증한 환수 문화재.' 아크릴판에 새겨진 나의 족보에요. 팔자 도망 못 간다는 말이 있는데 내가 바다 건너 미국까지 올 줄 어떻게 알았겠어요? 오늘이 며칠인지 날짜를 잊은 지 오래지요. 하기야 이 컴컴한 구석에서 날짜를 알아 뭐 하겠어요.? 절이 활활 타올라서 몸서리치던 기억만 또렷이 남아 있어요.

나의 고향 금강산은 담무갈 보살이 권속들과 상주하는 불교 성지로 깎아지른 일만 이천 봉우리와 기암괴석, 웅장한 폭포가 청년의 멋과 견줄 만하지요. 사월 초파일이면 법당은 물론 마당까지 연꽃으로 환했고, 많은 불자가 우러러 경배하니 극락이었죠.

어느 날, 포성이 울리고 불길이 치솟아 근엄하게 앉아 계신 부처님이 스르르 녹아내리고 있었답니다. 포성 소리에 귀를 막고, 피비린내와 화약 냄새에 코를 막고 입으로 숨 쉬며 나무아미타불을 암송하는데 내 몸이 번쩍 들려 어느 스님의 바랑에 담겼다가, 철원 근처에서 찰스 스미츠란 미군 손에 넘겨졌답니다.

찰스 스미츠는 20대 중반, 코리아라는 조그만 나라를 구하기 위해 참전했어요. 폐허가 된 시가지와 개미 떼같이 남쪽으로 향하던 헐벗은 피난민들. 1950년 10월 말쯤 함흥 근처까지 진격했는데 중공군이 꽹과리를 치며 돌격해 왔어요. 포탄이 쏟아지는 전쟁터에서 산을 방패 삼아 후퇴하던 악몽은 지금도 전율이 일어요.

등을 덮은 그물에 푸른 솔가지를 꽂고 MI 장총을 메고 산을 기어오르는데, 전투기가 독수리같이 날다 하강하면 번쩍 불기둥이 치솟고 천둥소리가 지축을 흔들었어요. 폭탄이 터질 때마다 숨을 죽이고 뱀처럼 기었고, 적의 공격이 잠시 중단될 때는 살아서 집으로 돌아가게 해달라고 기도했어요. 총알이 사람을 피해 주는 덕에 살았죠. 옆의 전우가 피를 흘리며 쓰러질 때는 눈에 불을 켜고 무조건 방아쇠를 당겼던, 생각만 해도 끔찍한 전쟁이었어요.

스미츠가 본국으로 돌아오자, 스미츠 가족은 나를 창고에 넣었어요. 답답하기는 해도 고향의 냄새와 풀벌레, 새들의 소리를 그리며 언젠가는 고향으로 돌아가겠지. 하며 하루하루를 견디고 있었죠. 코와 입에 먼지가 끼어 숨쉬기 힘들고, 몸이 삭아 손가락부터 쑤시기 시작하더니 뼈마디에서 뚝뚝 소리가 나요.

스미츠는, 목숨을 건 전장에서 새파란 날이 흘러가고 어느새 귀밑머리가 희끗희끗한 반백의 노인이 되었어요. 대한민국 소식이 나오면 귀를 세우고 경청해요. 유엔 한국 재건위원회(UNKRA) 인도대표 메논은 '복구를 기대하는 것은 쓰레기통에서 장미꽃이 피기를 기대하는 것과 같다.' 하였는데 지금은 세계 10위 무역국으로 발전했고, 하늘로 치솟은 빌딩과 활기찬 거리 모습을 볼 때마다 가슴이 뜨거워져요.

1988년 제24회 서울 올림픽 때는 TV에서 눈을 뗄 수 없었어요. 분단국가인 대한민국에서 세계 여러 나라가 스포츠를 통해 이념과 체제의 갈등을 해소하고, 한국의 고유문화와 우수한 경기 운영 능력까지 보여주었고, 세계 4위라는 성적이 놀랍지 않나요?. 자유를 지켜내는 일은 정말로 가치 있는 일이란 것을 깨달은 순간이었죠.

슈미츠는 어느 날 한국 불상 특별전 개최(Sacred Dedication: A Korean Buddhist Master Piece) 소식을 듣고 100리가 넘는 길도 마다하지 않고 달려가 13세기 고려에서 제작된 관음보살상 앞에 섰어요. 부드러운 턱선, 보일 듯 말 듯한 미소, 눈을 내리뜨고 손을 가지런히 모으고 있어요. 어머니같이 우리의 소원을 들어주고 중생을 구제하는 자비로운 보살이래요. 금빛 나는 화려함, 옷자락 하나하나까지 생동감 있게 표현한 섬세함에 고려인들의 생각과 종교, 예술성, 정서, 환경 등이 들어 있어요. 눈을 맞으며 남하하던 중 철원 부근에서 귀한 물건이니 북한군 손에 들어가지 않게 지켜달라며 보살상을 안겨 주고 유유히 사라지던 스님 눈빛이 또렷이 떠올랐어요.

간신히 숨만 쉬던 어느 날, 문이 덜컥 열리더니 스미츠가 들어왔어요. 원망하던 마음은 간데없고 가슴이 뜨거워졌어요. 스미츠는 더 늦기 전에 스님이 남쪽에 전해달라던 보살상을 돌려주고 싶었어요. 20대에 참전했던 전쟁터와 외국인 묘지에 묻힌 전우들을 만나고 싶어 항공권을 예매하려 했으나, 병이 깊어 힘들다는 의사의 만유로 뜻을 이루지 못하고 세상과 작별했지요.

관음보살은 남편과 약속을 지킨 찰스 스미츠 부인의 품에 안겨 50년 만에 태평양을 건너와 고향과 가장 가까운 국립춘천 박물관 제3전시실에 금강산 유물과 함께 있어서 외롭지 않아요. 언젠가는 고향으로 돌아갈 날을 꿈꾸며, 관람객 모두의 마음을 어머니같이 쓰다듬고 있답니다.

# 믿음이 주는 것

조그마한 아파트 한 채를 더 가지고 있다. 학교와 병원이 인접해 있고 남보다 세를 적게 받아 오래 살지만, 가끔 학생들의 방학과 맞물릴 때는 한 달 넘게 비기도 한다.

이 근처의 원룸들은 대부분 부동산중개소와 청소 용역업체에서 관리해 준다. 부동산중개소에 현관 비밀번호를 알려 주면, 조건에 맞는 사람을 찾아 계약서를 작성한 후 연락이 오면 주민등록증과 도장을 가지고 가서 계약금을 받고 수수료를 지급하면 모든 일이 끝난다.

12월 들어 기온이 갑자기 내려갔다. 아파트가 비어있으니 보일러 온도를 점검하고 욕실의 수도를 조금 틀어놓아야 안전할 것 같아 현관 비밀번호를 눌렀다. 재차 눌러도 열리지 않는다. 한 번도 비밀번호를 써 본 적 없어 관리실에 도움을 청하니 건전지 수명이 다 된 것 같다는 대답이 돌아왔다.

번호 키로 바꾼 지 오래되었고 건전지도 바꾸어야 할 것 같아 열쇠 수리점에 출장을 요청하였다. 건전지도 쓸만하고 기계는 정상이다. 비밀번호가 맞지 않은 것 같다. 비밀번호는 안에서 바꿔야 한다기에 출장비만 지급하고 부동산소개소를 찾아갔다. 집주인한테 말없이 비밀번호를 바꾸기야 하겠나 생각하면서 사정을 이야기했다. 다른 부동산중개소 사람이 드나들지 못하게 비밀번호를 바꾸었단다.

주인 허락 없이 번호를 바꾼 행위가 괘씸해 속이 부글부글 끓었지만, 이십 년 넘게 거래하고 있고 신경 쓰고 있다는 말에 싫은 소리 한 번 못 했다. 복을 짓는 복덕방의 인심이 사라지고 사무적이고 이기적이라 말을 섞기 싫어 얼른 나왔지만, 할 말도 못 한 자신이 바보 같아서 화가 났다.

단골이라 여겼던 곳에서 실망한 경험이 여러 번 있다. 남편은 낚시광이다. 참붕어를 빼고는 놓아 주거나 주위 사람에게 나누어 준다. 붕어는 일 년에 두세 번 정도 한약 재료를 넣고 먹기 좋게 다려온다. 열쇠를 주고 포장하는 날, 오라고 하지만 마음만 먹으면 얼마든지 농간을 부릴 수 있다는 생각이 들어 아예 열쇠를 받지 않는다.

믿음과 정성이 들어가면 단골이 되는데 처음에는 깨끗하고 진하며 비린내가 안 나는데 해를 거듭할수록 비위가 상하고 양이 적어진다.

장사꾼과는 감정 상하는 일 없이 마음에 안 들면 거래를 끊으면 그만이다는 생각이 들어 삼 년을 넘기지 않고 바꾼다. 경험에 의하면 아는 사람 소개가 더 불편할 때가 있어 전화번호부를 뒤지며 옮겨 다닌다.

일본의 어느 시골 의사 이야기가 오래 남아있다. 90세 중반 노인이 진찰받으러 왔다. 그분은 산촌에서 자급자족하며 건강하게 사신 분이라 한 번도 병원에 다닌 적이 없다. 진료 결과 암이었다. 삶의 질을 생각하면 고통이 따르더라도 수술을 권해야지만, 고령이라 전신마취는 물론 수술 후 회복하는 과정이 힘들 것 같고, 한편으로는 사실 만큼 사셨다는 생각이 들었다. 순박한 모습을 뵈니 사실대로 알리고 그냥 돌려보낼 수가 없었다.

처방전을 내밀며 "이 처방전대로 하루 두 번씩 드시고, 잡숫고 싶으신 것 맘껏 드시고 운동을 적당히 하면 완치되실 것입니다." 의사는 거짓말을 했다. 만족한 얼굴로 집에 돌아와 처방전을 벽에 붙여 놓고 하루에 두 번 뜯어 먹었다. 놀랍게 삼 개월 후 암의 크기가 줄어들었다는 말에 웃고 넘길 수만은 없었다. 긍정적인 생각과 바른 태도에 병이 호전되었지만, 믿음이 암을 밀어낸 결과다.

다행히 아파트 계약이 쉽게 이루어져서 근심을 덜었다. 내가 화를 내고 잘잘못을 따졌다면 부동산중개소와 인연이 끊기고, 수도가 얼까, 걱정할 텐데 다행이다. 마음 편한 것이 가장 큰 행복이다.

'내 몸에 남아 있는 가시이 사라질 때 비로소 순수를 얻게 되고, 행동의 자유를 얻게 되며 그것이 곧 행복이다.' 참기를 잘했다는 생각이 든다.

# 독도 사랑 한복 발표회

철쭉꽃이 절정을 이룬 공지천 수변공원에서 조선 왕실 복장과 독도를 주제로 한 한복 패션쇼가 열렸다. 많은 사람이 무대 아래에 진을 치고 카메라 셔터를 누르고 있다.

예전에는 옷을 빨 때마다 물을 들이고, 새로 지어 입었다. 나이와 신분에 맞는 염색을 하기 힘들지만, 양가 부모님 삼년상을 치르는 동안 소복을 입어야 하니 흰옷이 대세였다. 치마는 두 폭에 발이 보일 만큼 짧았으며 허리끈을 묶거나 앞치마를 둘러야 생활하기 편했다.

요즘은 치마 길이가 땅에 끌리고 폭이 360도쯤 넓으며 솔기가 투박하지 않은 깨끼 바느질로, 파티에 입고 나가도 손색이 없을 만큼 화려하고 멋지다.

박명숙 한복디자이너가 독도 작품을 처음 발표하는 자리다.

저 멀리 동해 바다 외로운 섬
오늘도 거센 바람 불어오겠지~

가다가 힘들면 쉬어가더라도
손잡고 가보자 같이 가보자.

홀로 아리랑이 흘러나오며 태극기를 든 아동을 따라서 하늘하늘하는 흰 비단 치마저고리에 독도와 서도, 그 부속 섬을 그려 넣은 옷을 입은 다섯 명이 사뿐사뿐 날아갈 듯 무대로 들어선다. 치마를 펼쳐 보이는데 치마폭 앞자락에 그려놓은 무채색 독도가 강하게 다가온다. 동도와 서도가 부속 섬과 어우러져 꽃송이처럼 너울거리고 있다. 마지막 사람의 치마폭에는 활짝 핀 무궁화가 가득하다. 다섯 명의 선녀가 하늘에서 홀연히 내려온 듯 옷자락을 휘날리며 무대를 도는 동안 무대 뒤 스크린에는 늠름한 이사부 장군, 6.25 전쟁 중, 급하게 새겼다는 한국령(韓國領), 휘날리는 태극기, 눈보라 속에서 독도를 지키는 경비병 모습에 눈을 뗄 수 없다. 독도의 사계절 자연의 모습을 보며 새들의 효과음을 들으니, 마치 독도에 앉아 있는 듯한 느낌이다. 홀로 아리랑을 작곡한 박문영의 '독도 사랑해' 노래는 처음 듣는다. 갑자기 묵직한 것이 가슴을 누르고 눈시울이 붉어졌다.

옛날 지도에는 독도가 울릉도보다 앞에 있다. 배를 타고 가면 해류를 따라 독도에 먼저 닿은 후 울릉도에 닿았으니, 독도가 울릉도보다 가깝게 느껴졌기 때문이다.

천연기념물 제336호인 독도는 동, 서도를 포함해 91개의 화산섬으로 이루어졌다. 1454년 세종장헌대왕실록에 수록된 전국 지리지에 강원도 울진현에 독도와 울릉도가 있다.

신라 지증왕 때 이사부가 우산국(울릉도와 독도)을 점령하였다는 내용이 삼국사기에 있고, 1952년 인접 해양의 주권에 관한 대통령 선언 안에 독도가 경상북도 울릉군 울릉읍 도동리로 되어 있다. 독도 앞바다에는 강치(바다사자)가 많이 살았으나 일제 강점기 때 강치의 기름과 가죽을 얻기 위한 남획으로 지금은 멸종되었다고 한다.

일본 시마네현에서 157.5km, 울릉도에서 87.4km니 울릉도가 훨씬 가깝다. 일본 정부는 독도에 대한 영유권을 주장해 독도 문제는 한일 양국의 문제로 자꾸 거론되고, 일본 교과서에 독도를 다케시마란 일본 영토로 표기하고 있어 울분을 일으킨다. 나라 정세가 불안하고 국민의 관심이 적으면 일본이 만만하게 본다.

바위섬이라 농사를 지을 수 없고, 식수는 바위산 너머에 있어 사람이 살기 힘들다. 지금은 경비대원과 등대관리원 등 약 40명이 거주하고 있으며 국토방위와 어족자원, 지하자원, 철새들의 중간 기착지로 중요한 섬이다.

동도 천장굴 급경사 지역에 있는 천연기념물 제538호 사철나무는 독도에서 가장 오래된 나무다. 강한 해풍, 폭설을 견디며 한국인의 성품을 닮아서 꿋꿋하게 자라고 있다. 독도에 500톤급 선박 접안시설을 마련하여서 한 해 200만 명 이상의 관광객이 찾지만, 숙박은 불가능하고 울릉도와 독도 헬기 투어도 가능하다.

울릉도와 독도를 다녀온 사람들이 해안도로를 일주하는 풍광, 쫄깃쫄깃한 회, 선상에서 말린 오징어와 명이나물의 맛을 잊지 못한다고 한다.

더 늦기 전에 울릉도와 독도에 가고 싶다. 환갑에는 입원하여 칠순 때 여행 가자. 했는데 칠순 때는 코로나19로 식구들이 모여 밥도 제대로 못 먹었다. 독도 바닷길은 한식 때가 가장 잔잔하고 맑다니 내년 봄, 한식 때쯤 가족이 모여 울릉도와 독도로 떠나야겠다.

가다가 힘들면 쉬어가더라도 손잡고 가보자 같이 가보자. 입속에서 계속 맴돈다.

# 길들다

주인과 산책 나온 강아지가 촐랑대며 따라간다. 궁금한 것이 많은지 연신 풀 냄새를 맡으며 딴청을 한다. 노란 줄무늬 옷을 입고 귀를 핑크빛으로 물들여서 인형같이 귀엽다. 며칠 전에는 주름이 잡힌 치마를 입어 눈에 띄었던 강아지다.

아름다운 가게에서 봉사할 때 애완견 용품 가게를 하시는 분이 다양한 강아지 옷과 모자, 선글라스를 기증하셨다. 작으니까 만들기 힘들고 수요가 많지 않으니 비싸기도 하겠지만, 손바닥만 한 강아지 옷이 사람 옷값보다 비싸서 놀랐다. 더 놀란 것은, 손주에게 새 옷을 사 주는 할머니같이 들떠서 이것저것을 한 아름 안고 횡재했다며 기뻐하는 모습이었다.

주인의 취향대로 실내에서 옷까지 입고 있는 강아지는 얼마나 답답할까? 털 가진 동물은 계절에 맞게 털갈이하는데 실내에서 크는 강아지는 털갈이의 필요성을 못 느끼게 진화한다니 털이 없는 강아지는 상상이 안 된다. 강아지도 진화해 예쁘다는 주인 말을 알아들고 사람처럼 맘에 드는 옷을 사달라고 조르는 시대가 오지 않을까?

아이가 태어나면 어머니를 통해 세상과 접한다. 아이는 성장하면서 어머니에게 길들지만, 타고난 DNA는 바뀌지 않나 보다. 딸이 어렸을 때다. 세탁해도 얼룩이 남아 있어서 짙은 색과 활동하기 편한 바지와 셔츠를 입혔다. 치마를 그것도 핑크만을 고집하는 딸과 옷을 입을 때마다 신경전을 벌였다. 유치원 갈 시간이 촉박한데, 원피스에 양말과 신발까지 맘에 드는 것을 고르느라 꾸물거리니 언성이 높아질 수밖에.

어느 날 미스코리아 선발대회를 보고 있는데 나도 저런 드레스 입고 싶다며 보자기를 두르고 걷는 모습을 흉내 내는 게 아닌가! 핑크공주도 잠시인 것을 아이의 눈높이를 맞출 줄 몰랐으니, 아이는 얼마나 상처받았을까?

결혼 생활은 서로에게 길들이는 과정이다. 사랑해서 결혼했는데 계산 방법과 추구하는 이상이 달라 사소한 일에도 엇갈린다. 모난 돌이 서로 부딪치며 살다 보니 조금씩 둥글어진다. 침묵해도 그 속을 알기에 굳이 따지지 않는다. 아주 조금씩 서로에게 길들어져 부부가 오 누이처럼 닮았다고 하고 식성까지도 닮아간다.

모든 생물은 환경에 맞게 적응하고 진화한다. 양의 조상 무플론(mouflon)은 여름과 겨울을 대비하기 위해 털갈이하였다. 양털을 얻기 위해 털갈이하기 직전 털을 깎아 양 한 마리당 일 년에 4~5kg의 털을 얻는다. 양은 긴 세월 털갈이의 필요성을 잊고 사람에게 길들어졌다.

호주에 있는 버락(baarack) 메리노란 양이 혼자 농장을 벗어나 7년 동안 산속에서 생활하다 발견되었다. 메리노는 7년 동안 털갈이를 잊은 채 자연에서 혼자 생활하며 털이 30kg쯤 자라서 털 뭉치가 굴러다니는 듯하였다. 30kg이면 성인 털스웨터를 60벌 짤 수 있는 양이라니, 그 무거운 털을 입고 험준한 산을 헤매느라 얼마나 힘들었을까?

'사막여우는 어린 왕자에게 네가 날 길들이면 우리는 서로가 필요해져. 서로에게 특별한 존재가 되기 위해서는 많은 시간이 필요해. 눈에 보이지 않는 것, 소용없는 것들에 정성을 들이고 책임을 갖는다는 것이지.' 하였다.

모든 생명체는 진화한다. 늑대가 사람한테 길들어져 늑대 본성을 잃고 개가 되었다. 개는 재산을 지키는 목적뿐만 아니라 다양하게 개량해 애완용에서 반려견이 되어 사람과 동등하게 옷을 입고 죽어서도 봉안당에 안치된다.

늘 곁에서 재롱을 떨고 기쁨을 주니 애완견이니 반려견이라는 말을, 이해 못 하는 것은 아니지만, 나는 눈밭에서 구르고 어설픈 개집에서도 강추위를 이겨내는 강한 개가 든든해서 좋다. 친정은 방앗간을 하셨고 아버지가 동물을 좋아하셔서 여러 종류의 큰 개를 양쪽 문에 묶어 두었다. 그 영향인지 나도 윤기 흐르는 검은 털, 늠름한 모습의 셰퍼드를 가장 좋아한다. 키우고 싶지만, 이웃들이 싫어하니 고운 옷을 입고 재롱떠는 타인의 개를 보는 것으로 만족한다.

# 2

# 가슴속의 옹이

옹이를 끊임없이 갈고 닦거나 다독이면 아름다운 무늬로 남는다. 사람과의 관계는 칼로 무를 자르듯 잘라 버리고 싶을 때가 있지만, 안으로 삭이기도 한다. 옹이는 나무에만 생기는 것이 아니라 사람과의 관계에도 생긴다. 무엇을 버리고 취하냐에 따라, 가끔 덧나는 상처로 남거나 아름다운 옹이가 되기도 한다.

# 행복의 조건

행복은 세상을 보는 시선이다. '등 따습고 배부르면 행복하다.' 했다. 경제협력개발기구(OECD)가 일상생활의 균형, 수입, 커뮤니티, 건강, 환경, 주거, 안전 등 만족도를 조사하였더니 우리나라는 34위로 행복지수가 하위권에 있다.

생업에 힘쓰면서 흘리는 땀은 충족감을 주는데, 스스로 만든 결핍에 빠져 허덕이니 매일 보는 풍경도 달리 보인다. 남편이 아파서 병원을 드나들었다. 무균실에 있어 보았고, 응급실에도 몇 번 드나들었다. 운전하고 다녔는데 병세가 나빠져서 택시를 이용한다.

우산을 쓰고 집을 나섰는데, 검사하고 혈소판과 수혈이 끝나니 해가 쨍쨍 났다. "우리 걸어가 볼까?" 집에만 있었고 차로 이동하였으며 겨우내 걷지를 못해 땅의 기운을 받고 싶은 욕구가 있나 보다. 내리막길이고 가까운 거리에 날씨마저 한몫하니 걷기로 하였다. 손을 잡고 병아리 걸음으로 병원 문을 나섰다.

남편과 손잡고 걸어본 기억이 없다. 연애할 때는 거리가 멀었고 직장생활을 하느라 만나는 시간을 맞추기 힘들어서 편지로 정을 나누었다. 정서적으로 통하는 게 있어서 오고 간 서신이 상자 가득 있는 것을 보니 내 글쓰기의 실력이 그때 늘었나 보다. 소설을 쓰고 싶다는 남자, 글씨체가 반듯해 마음도 반듯할 것 같아 믿음이 갔다.

결혼하고는 앞서 걸어가는 남편을 쫓아가기에 바빴다. 나이 들어 손잡고 걷는 부부의 모습은 보기 좋고 부럽기도 하였다. "우리도 이제부터 손잡고 걸어요" 손을 잡으려면 쑥스러운지 뿌리치던 사람이 꼭 쥔다. 남편 손이 따뜻하다.

직장생활과 일주일에 두 번씩 병원 다니며 수 없이 지나다닌 길인데 처음 보는 풍경인 듯, "요즘은 학교 울타리에 이렇게 멋진 벽화를 그렸구나." 감탄한다. "꽃샘추위에 우리는 패딩 잠바를 입고 있는데 벽돌 틈에는 민들레꽃이 피었네." 감탄사를 쏟으며 오래 보고 섰다. 운동장에서 공차기하는 아이들에게 눈을 떼지 못하는 것을 보니 아이들처럼 축구가 하고 싶은가 보다, 가슴이 저려온다.

일주일간 입원해 있었으니, 반찬은 김치와 김이 전부지만 꿀맛이다. 병원에 있을 때는 토끼잠을 자거나 새벽까지 잠들지 못해 뒤척였는데 등 따습고 배부르니 오래간만에 푹 잤다.

로버트 월딩어(Robert Waldinger)는 행복은 부(富)와 명예, 학벌이 아닌 따듯한 인간관계가 결정한다. 했다. 가족과 이웃에게 사랑받은 사람이 행복한 사람이다. 부부는 함께 살아가는 자체가 행복이고 존재 이유인 것을 투병 끝자락에서야 깨달았다.

내가 가지고 있는 것에 만족할 줄 모르고, 산 좋고 물 좋은 곳에 있는 아담한 전원주택을 보면 우리도 집을 짓고 진돗개 한 마리 키우고, 정원을 가꾸며 살고 싶어 기웃거렸다. 멋진 집이 있으면 사진에 담아와서 설계도를 그려보며 전원생활의 꿈을 키웠다. 밭에 갈 때마다 집 지을 자리를 염두에 두고 과일나무와 소나무, 철쭉, 등을 심어 가꾸니 꿈이 있어 행복했다.

남자, 노인, 비슷한 질병이 있는 사람들이 모여있는 준 중환자 입원실은 지옥의 한 장면 같다. 스스로 할 수 있는 일이 하나도 없고, 팔에, 코에, 소변 받는 줄까지 주렁주렁 달고 영양식을 맞고 있다. 뼈만 앙상하게 남은 모습을 보고 손녀는 무섭다며 울었다. 먹고 싶은 것이 없고, 가고 싶은 곳을 갈 수 없고, 말도 못 하니, 얼마나 답답하겠나.

병실에서는 그런 분들과 비교가 되어 스스로 먹고, 배설하는 일에도 만족을 느낀다. '천당과 지옥은 마음속에 있다더니' 병이 호전되어 일상생활을 할 수만 있다면 더 이상 바랄 것이 없겠다.

쇼펜하우어는 '인생에서 행복을 구하지 말라. 그것은 불가능한 일이다.' 하였지만 감사할 일이 늘어나고 있다. 욕심을 버리니 행복이 찾아오나 보다. 아무 때나 드나들 수 있는 내 집이 있고, 양식 걱정 안 하고…. 감사할 일을 찾는다.

# 겨우살이

물건을 사는 재미도 있지만, 양손 가득 검은 봉지를 든 사람들 틈에서 장 구경하는 재미가 쏠쏠하다. 입김이 허옇게 나오지만, 분주히 오가는 사람들과 떠들썩한 흥정 소리에 생동감이 느껴지고 삶의 냄새가 난다.

목도리를 둘둘 감고 털모자를 쓴 노인이 더덕 껍질을 벗기고 쪽파를 다듬고 있는 옆에는 겨우살이가 있다. 항암 성분이 있어 차로 마시려고 찾는 사람이 종종 있단다. 주로 팽나무, 오리나무, 자작나무같이 잎이 넓은 나무에 기생하니 보통 인연이 아니다. 계곡을 끼고 있는 그늘진 비탈의 키 큰 나무우듬지에 까치집처럼 있어서 따기 힘든데, 용케 재취하였다.

겨우살이는 봄에 꽃이 피고 열매를 맺으며 녹음 속에서는 없는 듯 지내지만, 눈 속에서 노란 열매와 초록 잎의 진가가 나타난다. 수정처럼 예쁜 열매는 먹잇감이 귀한 겨울철에 산새들의 요긴한 먹이다. 씨앗에는 접착력이 있는 비신(Viscin)이 있어 산새들이 먹은 열매가 소화되지 않고 배설물에 섞여 나무에 떨어져 다음 세대를 이어 간다.

우듬지에 붙어 스스로 탄소동화 작용을 해서 양분을 얻고 일부는 나무의 수액을 빨아먹으며 산다. 일부의 양분을 만들기 때문에 천천히 자라고 오래 살지만, 숙주가 죽으면 같이 죽는다.

겨우살이뿐만 아니라 사람 사이에도 기생 관계가 존재한다. 내가 아는 분은 처녀로 늙었다. 어머니는 동생 셋을 남겨놓고 돌아가셨다. 가난한 집의 장녀로 태어나 어머니 대신에 가장이 되어 집안 살림을 하며 직업전선에 나서야 했다. 건강보조식품을 판매해 생활비를 벌고 동생들 공부를 시켰다. 혼기가 차도 결혼할 꿈을 못 꾸고 생활에 매달렸다.

동생들이 결혼할 때마다 섭섭한 일이 많았지만 무탈하게 커서 일가를 이루니 저승에 계신 부모님이 흡족하실 것 같아 참았다. 생활이 안정되면 집 장만이 쉬울 것 같아 맞벌이하는 남동생 부부를 대신해서 조카들도 맡아 키웠다.

인터넷이 발달해 방문판매 하는 것도 힘든데, 나이 탓인지 아픈 곳이 하나씩 늘어나 우울해졌다. 낱알 한 톨도 거저 생기지 않는데, 동생들은 돈을 타서 쓰기만 했으니 돈 버는 일이 얼마나 힘든지 알기나 하겠나. 공부시킨 동생은 물론 힘들게 키운 조카까지 자신들의 삶만 중요하지 혼자 사는 누나는 관심에서 멀어져 설 자리가 없었다.

사람이 어떻게 하고 싶은 말을 다 하고 살겠나! 집안의 화목을 위해서, 공치사 같아서, 팔자려니 하고 참아서 우울증이 생겼다는 말을 들었다. 안타까워 도와줄 일을 찾다가 100세 시대에 취미 하나쯤 있어야 하지 않겠나 하는 생각이 들었다. 문화원 문예창작반에 등록하면 사람을 사귈 수 있고, 일 년에 한 번씩 문학 기행을 갈 수 있다. 글감을 찾기 위해 사물을 관찰하고 글쓰기에 몰입하면 시간이 잘 간다. 속에 있는 감정을 글로 풀어내면 마음도 정화되니 같이 글공부하자 설득해서 문예 창작반에 등록하였다.

그의 첫 작품은 수필이라기보다는 30장이나 되는 자서전을 써서 울고 웃으며 읽었던 기억이 난다. 출근부에 도장 찍고 나왔다며 몇 차례 얼굴을 보이며 주변을 서성이더니 글 쓰는 취미를 붙이지 못했다.

부모 대신 맏이라는 책임감 때문에 동생에게 헌신했다면 그 공을 죽을 때까지 잊지 말고 부모처럼 섬겨야 하지 않겠나. 그는 겨우살이에 수액을 조금씩 빼앗겨 말라가는 나무였다.

겨우살이는 겨울부터 봄 사이가 약효가 좋고 낙엽 지면 눈에 잘 띄어 그때 채취를 한단다. 겨우살이가 난장에서 구매자를 기다리고 있다. 항암제다, 고지혈증, 신경통, 관절통 등 진통제로도 쓴다며, 마치 만병통치제라도 되는 듯 입심으로 길손을 붙들고 있다.

모든 생명체는 환경에 맞게 진화하는데, 겨우살이도 기생 관계가 아닌 공생 관계로 진화하면 숙주가 죽지 않을 것이다. 겨우살이에 눈길이 한 번 더 갔다.

# 푸른 초원을 달리고 싶다

말달리던 선구자~ 말을 타고 달리고 싶다. 미끈하게 빠진 몸매, 순한 눈. 푸른 초원에 갈기를 휘날리며 달리는 말의 모습은 상상만으로도 가슴이 뛴다.

제주도 여행길에 승마 체험을 하려고 말 앞에 섰다. 말을 가까이서 볼 기회가 없었는데 말 앞에 서니 생각보다 덩치가 커서 조금은 겁이 난다. 조련사는 고삐 잡는 법과 좌우로 신호 보내는 법 등을 간단히 설명해 주었다.

이미 지급한 입장료가 아깝기도 하고, 카우보이처럼 말 위에 앉은 멋진 모습을 사진으로 남기고 싶은 욕심이 났다. 내 몸에 맞는 모자와 부츠, 조끼까지 한 벌을 주기에 시키는 대로 차려입었다. 겁이 많은 사람이라 돌발상황이 생기면 어쩌나 걱정되어 주저하니 사진만 찍고 내려오라며 발판을 밟고 있는 내 엉덩이를 밀어 올린다.

말 등에 올라타니 시야가 확 트여 고사리밭과 바다 풍경이 넓게 펼쳐졌다. 말은 명령을 내리기도 전에 표시된 길 따라 또각또각 발을 떼어 놓고 내 몸은 발걸음 따라 리듬을 탄다. 좌우 신호를 보내지 않아도 앞의 말을 따라서 익숙하게 지정된 장소를 걷는다. 얼마쯤 걷더니 멈춰서 천연덕스럽게 사진사를 응시하고 서서 사진찍기를 기다리고 있다. 덕분에 나도 카우보이가 된 듯 추억의 사진 한 장을 남겼다.

고사리가 가득한 초원을, 한 바퀴 돌고 나니 짧은 거리라 아쉬움이 컸다. 고삐를 꽉 쥐고 바다를 향해 박차를 가해서 힘차게 달리고 싶다. 전쟁의 소용돌이 속에서 채찍을 휘두르며 말과 혼연일체가 되어 달리고, 말을 탄 인디언들이 괴성을 지르며 달려오는 서부영화 속의 한 장면은 가슴이 뛴다. 어지러운 세상일에 관여하지 않고 죽림에 은거하여 유유자적 말고삐 잡고 유람하는 죽림칠현은 또 얼마나 멋진가.

주인과 생사고락을 같이 한 말의 무덤 전설은 여러 곳에서 전해지고 있다. 경북 안동시 풍산읍에는 천하를 호령하던 우 장군이 죽자, 용마는 하늘을 우러러 세 번 크게 울부짖더니 죽었다고 전한다. 마을 사람들은 장군 묘 옆에 말 무덤을 만들어 주었다.

곡성 죽산마을에는 신숭겸 장군이 말을 맸던 돌기둥이 남아있다. 신숭겸은 고려 개국공신이다. 후백제군이 신라를 치자 왕건과 함께 공산 동수에서 전투를 벌이다 어둠과 익숙지 못한 지형에서 패색이 짙어지자, 왕건을 대신해 장군기를 들고 싸우다 전사했다. 주인을 잃은 말은 죽산마을까지 달려와서 장군의 죽음을 알리고 쓰러져 죽었다, 전한다.

선사시대부터 말은 우리 생활과 밀접한 관계가 있다. 온순하며 지구력이 뛰어나 증기기관차가 발명되기 전까지는 가장 손쉽고 편한 이동과 운송 수단이었다. 신앙의 대상이 되고, 상서로운 기운으로 세상을 밝히며 하늘에서 내려와 왕의 탄생을 알렸고, 순장자와 함께 묻혔고. 왕릉의 무덤을 수호한다. 기마 형 토기, 그림의 소재, 가면까지 수없이 많다.

신체와 마음을 치유하는 재활승마는 1900년 초 영국에서 시작했다. 소아마비 장애를 극복한 덴마크 선수 리즈 하텔은 1952년 헬싱키 올림픽에서 은메달을 땄다. 몸이 중심을 잡으려면 유연해야 하고 리듬감도 있어야 하니 장애인들의 치료 목적으로 승마를 권장한다.

말은 주인이 감정을 표현하지 않아도 느낄 수 있어 진정성이 없으면 따르지 않는단다. 멀리 바다가 보이는 나지막한 언덕에 조성된 승마장은 관광객이 사진을 찍기에 적합한지 모르겠으나 승마를 이해하고 말과 교감을 나누기에는 짧은 거리다.

아쉬움이 많이 남았지만, 사진으로 만족하였다. 오늘 밤 꿈에서 말고삐를 잡고 초원을 신나게 달려볼까?

# 옹이

절 마당에 있는 기념품 가게로 눈길이 간다. 나뭇결이 고운 판에 명언, 불화, 시, 초충 같은 무늬를 그린 인두화가 돋보인다. 나무의 결이 살아있는 옹이가 잔치국수의 고명같이 예쁘다. 비스듬하게 뚫린 구멍은 옹이가 빠진 흔적으로 멋스러움이 배어 있다.

가지를 쳐내거나 바람에 꺾인 나무는 곁가지를 내지 않고 나무를 보호하기 위해 상처 부위로 진액을 보내 옹이를 만든다. 옹이는 나무가 자라면서 겪은 온갖 풍상의 흔적이다. 단단하기에 톱날을 거부하고 못이 들어가지 않는다. 옹이는 갯벌에 묻혀있던 난파선의 조각에 남아있고. 이장을 하기 위해 파낸 옛 무덤 속, 홍두깨로 덮었던 흔적에도 남아있다.

사람이라고 옹이가 없을까? 굳은 살은 손발에 남은 옹이고, 담은 가슴속에 남은 옹이다. 요양원과 양로원 봉사를 다니는데 유독 손마디가 휘어진 분의 손이 어머니를 닮아서 애잔함이 오래 남아있다.

그분은 가끔 삭이지 못한 한이 가슴에 뭉쳐있어 답답하다며 한숨을 쉬셨다. 가난한 죄로 어린 나이에 논, 세 마지기를 받은 친정 아버지 손에 이끌려 씨받이로 들어갔다. 부잣집에서 시집온 지체 높은 큰댁은 여러 해가 지나도 아이를 낳지 못하자 작은댁을 얻어 문간방에 살림을 차려주었다. 논 세 마지기보다 입 하나 덜고, 큰 딸만이라도 배부르게 먹이고 싶은 부모 맘이 담겨 있을 것이다.

부모를 원망할 새도 없이 아이가 들어서 내리 넷을 낳았다. 아이들은 큰댁 자녀로 호적에 오르고 큰댁이 키웠다. 아이들은 호적에 오르지 못하고 식모와 진배없는 삶을 살고 있는 생모와 정이 들었겠나.

애들이 철들면 엄마 속을 알겠거니 기다렸는데 남편이 돌아가시자 개밥에 도토리 같은 처지가 되었다. 경제권을 가진 큰댁과 한편이 돼서 호적상 처녀로 있는 늙은 엄마를 양로원에 보내고 찾지 않는다. 그때는 왜 그렇게 바보처럼 살았는지 모른다며 한숨을 쉬었다. 논을 받아 친정이 굶는 것을 면했으니 효도하신 것이고, 근심 중에 자식 근심이 가장 크다는데 번듯하게 일가를 이루고 사니 참고 사신 어머니 덕입니다. 자식이 더 나이 들면 어머니 맘을 알겠지요. 가만가만 어깨를 토닥여 드렸다.

친엄마를 냉대한 자식이 있는가 하면 가슴으로 낳아 지극정성으로 키워준 엄마를 외면하는 자식도 있다. 대를 이을 아들이 왜 그리 중요하였는지. 아이를 못 낳아 죄인으로 살아야 했던 사연이 참 많다.

그분은 아이를 못 낳은 죄로 쫓겨나 혼자 살다가 두 살과 다섯 살 남매를 두고 상처한 사람과 재혼하였다. 아이를 생산하지 못했는데 이 년 만에 아이가 들어서자, 겁부터 났다. 아이 셋을 키우기는 살림이 넉넉지 않고 내 속으로 난 자식과 전실 자식을 차별할까, 두려워서 유산을 시켰다. 전실 자식에게 큰소리 한번 못 치고 유리그릇 다르듯 조심했다. 공부를 마치고 짝을 맺어주니 할 일을 다 한 것 같아 뿌듯하였다.

남편이 재개발 지역에 있는 작은 기와집 한 채를 아내 앞으로 남기고 사망하자 살길이 막막했다. 자녀들은 집을 어머니 앞으로 해 주셨으니 그 집을 팔아 생활하라며 발길을 끊었다. 재개발 지역의 낡은 집은 수리할 여력이 없고 팔리지도 않으며 옛날 연탄아궁이라 세가 안 나가 비어 있고, 집이 있어서 기초생활보장도 못 받는다.

세월이 가면 아팠던 기억조차 그리움인데 자식한테 서운했던 맘이 인지기능이 떨어지자 꾸역꾸역 쏟아져 나오는가 보다. 가슴에 묻어두면 병이 된다. "시어머니와 남편 사랑받고, 셋방살이도 안 했으니 감사할 일이 많지요. 아이 키우면서 좋았던 기억을 더듬어 보셔요. 과거보다 지금이 중요해요. 할머니 건강만 신경 쓰셔요." 가슴속의 옹이는 내려놓고 마지막 가시는 길이 평안하시기를 빌었다.

옹이는 나무에만 생기는 것이 아니라 사람과의 관계도 생긴다는 것을 알았다. 옹이를 끊임없이 갈고 닦거나 다독이면 아름다운 무늬로 남는다. 사람과의 관계는 칼로 무를 자르듯 자르고 싶을 때가 있지만 안으로 삭이기도 한다. 무엇을 버리고 취하냐에 따라 가끔 덧나 상처로 남거나 아름다운 옹이가 되기도 한다.

절 마당에 있는 기념품 가게에 전시된 작품마다 나뭇결이 아름답다. 평생 뿌리가 감지해 낸 흙의 신비, 수많은 잎이 햇빛과 풀벌레와 교감하며 짜 놓은 나뭇결이 없다면 얼마나 밋밋할까? 인두화로 그린 무채색 그림에 적당한 크기로 자리 잡은 옹이가 화룡점정으로 다가온다.

# 손톱과 발톱을 깎으며

아들 양말에 구멍이 뚫려 발가락이 보인다.

"발톱 좀 깎아."

"발톱을 깎은 지, 며칠 안 되는 것 같은데."

얼버무린다. 손톱과 발톱은 피부의 각층이 변형된 케라틴이라는 단백질로 초승달 모양의 흰 부분이 평생 자란다. 잘 자라는 것은 몸이 건강해서 몸 안의 모든 기관이 활발하게 움직이기 때문이다.

아이들은 빨리 자라고 어른들은 늦게 자라는 데 손을 많이 쓸수록 빨리 자란다. 건강한 사람은 손톱이 붉은색을 띠고 윤이 나며 반달 모양이 선명하게 드러난다. 반달 모양의 흰색을 제외하고 나머지는 죽은 세포라 잘라도 아프지 않다.

요즘은 손톱깎이의 크기도 다양하고 어린이용 손톱 가위가 있으며 자른 손톱과 발톱이 밖으로 떨어지지 않게 모아주는 기능도 있다. 아기의 손톱과 발톱은 얇고 부드러운데 자꾸 움직여서 깎기가 힘들다.

얼굴을 손톱으로 할퀴어 손톱자국이 남을까 봐 걱정한 적이 있다. 손 싸개를 씌워 주지만, 자꾸 움직이니 벗겨져 신경이 쓰인다. 상처가 남을 까봐 걱정하지만, 아기들의 피부는 회복도 빠른지 상처가 쉽게 없어진다.

큰 애 때, 손톱을 깎다가 그만 살점이 떨어져 아이가 자지러지게 울고 핏방울이 맺혀 놀란 가슴을 쓸어내린 적이 있다. 그 후 젖을 먹일 때마다 앞니로 손톱을 잘근잘근 씹어서 조금씩 잘랐다.

우리 몸은 회로망이 잘 연결된 기계와 같다. 등산은 올라가는 것보다 내려오기가 더 힘들다고 하는데 정상에서 사진을 찍고 내려오다가 큰 화를 당한 적이 있다. 마지막, 몇 미터 남겨놓은 경사로에서 긴장이 풀렸는지 굵은 모래를 밟고 미끄러져 왼팔로 땅을 짚었다.

잠시 후 팔목이 쿡쿡 쑤시고 부어올라 정형외과에서 X-RAY를 찍었더니 뼈에 금이 갔다. 하여 깁스하였다. 오른쪽 손톱을 두 번 깎는 동안 깁스한 쪽 손톱은 한 달이 넘도록 자라지 않고 그대로 있었다. 신기하게도 깁스를 풀고 난 후부터 손톱이 자라는 것은, 우리 몸이 컴퓨터처럼 정확한 회로망으로 연결되어 있어 세포들이 서로 보완하는 것 같다. 손톱이 자라는 에너지를 모두 뼈를 붙이는데 소진한 결과다.

노인 시설서 봉사할 때 손톱과 발톱을 깎는 일이 만만치 않다. 늙으니까 기름이 다 빠져서 그렇다며 웃으신다. 발톱이 안으로 휘어 살을 파고드는가 하면 그마저도 단단해 웬만한 손톱깎이로는 깎기 힘들다. 더운물에 불려서 발톱이 부드러워진 후 깎아야 쉽다.

어르신들의 손톱을 깎는데 뭉툭하고 휜 손가락이 명치끝을 찌른다. 퉁퉁하고 휜 손마디는 관절염으로 고생한 흔적이다. 손톱이 닳도록 억척스럽게 일했으니 온전하겠는가. 마디마다 염증으로 부어올라도 참고 일에 매달렸으니, 관절이 휜 채 굳었다.

사람의 손톱과 발톱은 생명과 연결된 육식동물처럼 날카로울 필요까지야 없지만 생활하는 데 꼭 필요한 존재다. 신체 부위 중 손은 가장 많이 쓰는 부위로 그 사람이 살아온 내력이 들어있다. 어머니의 손은 집안일에 매달려 늘 손톱 밑에 때가 끼어 있거나, 딸들의 옷을 빨아 새로 지을 때 염색한 흔적으로 붉거나 노랗게 물들었고 손끝은 뭉툭하고 휘어져 있었다. 부어올라 열이 나고 쑤셨을 텐데 아픈 내색 한번 안 하시고 마디가 뒤틀리도록 일을 하셨다. 나이 들면 손가락 모양도 변하는 줄 알고 어머니의 휜 손가락에 관심을 두지 않았다.

찬물에 빨래하고 들일 하셨으니 겨울이면 손끝이 갈라지고 발뒤꿈치가 갈라져 피가 흘렀다. 가끔 안티푸라민을 바르시기도 했지만, 일회용 반창고가 없었으니 갈라진 상처를 무명천에 밥풀을 발라서 싸맨 채 일하셨다.

발가락이 훤히 드러난 아들의 양말을 버리자니 아까운 생각이 들어 밭일 갈 때 신으려고 꿰매고 있다.

# 살생부를 쥐고 망설인다

살생부를 쥐고 고민한다. 오른쪽? 왼쪽? 작물에 따라서 필요한 면적이 다르고, 크기가 다르며 생명력 또한 다르기에 알맞게 솎아 주는 일이 여간 힘든 게 아니다. 오로지 종족 번식을 위해 이런 가뭄에도 기를 쓰고 생명을 이어가며 몸집을 키우는데 사람의 이기심으로 뽑아 버리려니 모질게 먹었던 마음이 자꾸 무뎌진다. 거리를 생각하면 오른쪽 놈을 뽑아야 옳은데 튼실하여 마음을 어지럽히고 있다.

입하가 지나 이것저것 심어 놓았더니 제법 자라 이제는 솎아 줄 차례다. 직파한 것은 성장 속도에 따라 두 차례 정도 솎아줘야 튼튼하게 잘 자라고 열매를 알차게 맺는다. 솎는 일도 적당한 시기가 있다. 장마가 시작되면 일조량이 부족한데 성장 속도는 빨라 촘촘하게 붙어 있는 놈은 허약해진다. 같이 크는 잡초는 성장 속도가 더 빠르고 생명력이 강해 자칫 잡초를 뽑다가 곁에 있는 농작물의 뿌리가 흔들려 몸살을 앓기도 한다.

생존경쟁과 종족 번식을 위해 식물도 사람만큼 지혜를 짜내고 진화한다. 아무리 잡초라고는 해도 세상에 필요 없는 존재는 없다는데, 하물며 같은 날 뿌리를 내리고 잎을 피웠는데 거리가 맞지 않는다는 인간의 잣대로 사형선고를 내린다. 물과 양분을 헌신적으로 양보하느라 자라지 못하거나 둘이 하나의 몫을 해내려고 기를 쓰기도 하는데 어찌 억울하지 않겠나!

오늘은 더위를 피해 이른 새벽부터 참깨를 솎는다. 참깨 알이 좀 작은가! 가뭄에도 소복하게 올라온 싹이 대견하지만, 솎지 않으면 간격이 좁아서 가지를 뻗지 못하고 바람이 통하지 않아 수확량은 오히려 줄어든다. 계속되는 가뭄으로 진흙밭이 돌덩이처럼 굳어 뿌리가 뽑히지 않으니 하나씩 잘라내야 한다. 붙어 있어서 잘라내기가 여간 더딘 게 아니다.

살생부는 농작물에만 필요한 것이 아니다. 초봄에 병아리를 사다 키웠는데 어려서는 암수 구별이 안 되더니 크니까 수놈의 숫자가 더 많았다. 수놈이 어느 정도 자라니 이상한 소리를 내지르며 목소리 틔우기 연습에 들어갔다. 청아한 목소리라면 그래도 참을 만한데, 꼭두새벽에 둔탁한 목소리로 한 놈이 울면 연달아 소리 높이기 내기를 해서 새벽잠을 깨우니 짜증이 났다. 알도 못 낳고 사료만 축내는 수탉은 복날마다 살생부에 올릴 수밖에 없었다.

거리를 알맞게 조정해 주려면 남아있는 것은 하나인데 뽑아 버리는 것은 서너 배쯤 더 많다. 작물도 어디에 있는가에 따라 쓰임이 다르다. 보리밭에 콩이 나면 콩은 잡초가 되어 살생부에 오르고, 콩밭에 보리가 나도 뽑힌다. 간격이 넓어야 크는 작물이 있고 촘촘해야 수확이 느는 작물이 있듯이 사람의 관계도 마찬가지다.

콩밭에 있어야 할 때가 있고 보리밭에 있어야 할 때가 있다. 서야 할 자리가 있고 앉아야 할 자리가 있다. 나이 들수록 앉아야 할 자리 찾기가 버겁다. 행사 주체자나 내빈이 아닌 사람이 앞에 앉는다고 돋보이지 않고 앞에 앉아야 할 사람이 뒤에 숨는다고 겸손한 게 아니다. 어느 위치든 '다운, 것'이 자기 자리다. 세월이 흐르면서 잃는 것이 있지만, 지혜를 주고 간다. 세월의 자리다.

작물은 자로 재거나 눈대중으로 맞춰도 크게 잘못되지 않지만, 사람과의 관계는 평생을 두고 풀어야 할 숙제다. 나이 들면서 자리를 잘못 잡거나 뽑히자마자 맥없이 시들어 버리는 참깨는 되지 말고 백배 이상 소출을 내는 튼실한 참깨로 남자.

땀을 흘리며 참깨밭에 앉아 도를 닦는 중이다.

# 금난새의 오페라 이야기

명작은 세월의 흐름과 관계없이 사람의 가슴에 오래 남는다. 작곡가 푸치니(858~1924)는 '오직 극장을 위해 작곡할 것을 신께 명받았다. 영감은 모든 사람의 능력을 일깨우고, 모든 예술적 성과에 나타난다.'는 명언을 남겼다.

그의 명작 라보엠(Laboheme. 1896년 작곡). 돈과 명예보다도 자신들의 꿈과 사랑을 찾아가는 가난한 젊은 예술가들의 사랑 이야기로 가장 낭만적이면서 현실적인 오페라다. 낭만적인 사랑의 환희와 비애의 향연이 청중을 매료시켰다.

90년 전 파리의 뒷골목 라탱(Latin) 지구에서 가난하지만 자유롭게 살아가는 젊은 예술가들의 일상 이야기다. 프랑스 작가 뮈르제(Henri Murgey)의 소설 『보헤미안 삶의 정경』을 토대로 한 작품으로 토리노 왕립극장에서 초연돼 청중의 호평을 받았다. 백 년이 지난 후 뉴욕으로 배경을 바꿔 뮤지컬 렌트(RENT)로 각색될 만큼 꾸준히 사랑을 받고 있다. 배경이 크리스마스 때인 12월만 되면 세계

각국의 오페라 극장에서 단골로 무대에 오른다.

막이 끝나는 틈틈이 금난새 지휘자가 자상한 해설을 곁들여 자막을 안 봐도 국립오페라단의 공연을 쉽게 이해할 수 있다. 테너와 소프라노, 바리톤과 소프라노의 어울림이 천상의 소리다. 여유를 갖고 악기 하나하나에 귀를 기울인다.

악장과 악장 중간에 설명하는 시간이 있고 빠른 곡이 아니라 마음의 여유가 생기니 악기 하나하나가 눈에 들어온다. 늘 뒷줄에 서서 연주 중간에 "칭칭" 울리는 트라이앵글과 심벌즈 담당자는 참 편할 거라는 생각을 했다. 공연 때마다 놀고 있는 시간이 더 긴 것 같은데도 월급은 다른 단원과 같이 받지 않을까? 늘 궁금했다.

연주에 집중하지 않으면 놓칠 수 있어 부지런히 악보를 넘기며 몰입하는 것을 보니 힘들어 보인다. 화음이 맞아 곡이 물 흐르듯이 유연하게 흘러 청중의 마음을 휘어잡고 있다.

무용수만큼 희고 가는 지휘자의 손가락이 유연하게 움직이는 모습도 눈길을 끈다. 화려한 의상, 군무도 없다. 무대는 오래된 벽난로가 있는 조그만 다락방, 책이 쌓인 낡은 책상에 앉아 사설을 쓰는 로돌포, 순수한 미미, 가난한 화가 마르첼로, 요염한 여인 뮈제타, 철학자 콜리네. 생선과 빵을 들고 들어오는 쇼 나르가 번갈아 등장한다.

크리스마스를 앞둔 날, 추위를 잊기 위해 친구들은 카페로 가고, 로돌포는 사설을 마무리한 후 합류하기로 했다. 이때 이웃집 여인 미미가 촛불을 빌리러 찾아와 두 사람은 자신의 이야기를 하다 사랑에 빠지게 된다.

폭폭 찌는 한여름의 무더위와 추위를 온몸으로 견뎌야 하는 다락방이지만, 겨울이 지나고 봄이 오는 태양을 제일 먼저 만날 수 있는 곳이라며 함박 웃는다.

사랑하는 연인이 속마음을 감추고 엉뚱한 말을 할 때는 조바심을 내다가도 서로의 마음이 합쳐질 때는 기쁨이 샘 솟는다. 잔잔한 음악이 흐르다 에너지가 폭발하는 테너의 우렁찬 목소리는 관객의 마음을 휘어잡고도 남는다.

비단에 장미를 수놓지만, 향기가 없다는 미미와, 추운 다락방에서 사설을 쓰는 가난한 로돌포는 서로 사랑하며 내일을 꿈꾸는 것만으로도 행복하다. 두 달 만에 만난 그들은 질투심에 불타서 머리가 시키지 않는 어깃장이, 가슴에는 뜨거운 피가 흐르는데 싸늘한 말이 튀어나와 서로에게 상처를 주지만 진실을 알기에 헤어지지 못한다.

지금이나 예전이나 순수예술가들은 왜 그리 가난하고, 주인공이 죽으며 막을 내리는지. 3악장까지는 아주 편안했다. 미미는 폐결핵으로 심각하다. 뮈제타는 귀걸이를 팔아 의사의 왕진비와 미미가 추위에 떨며 갖기를 원하는 토시를 사고, 콜리에는 외투를 팔아 마련한 돈으로 약을 사서 들고 오지만 미미는 평온하게 잠든 듯 숨을 거둔다. 미미의 죽음 앞에 로돌포는 절규하며 미미를 부른다.

마지막 미미의 죽음 앞에 무릎 꿇은 로돌포의 절규가 가슴을 때린다. "미미" 그 소리가 낸 귀에는, "엄~마" 하는 소리로 들려 숨이 멎을 것 같고 눈시울이 뜨거워져 모자를 내려쓰고 고개를 숙였다.

바렌보임은 '음악이란 폭력과 추악함에 대항하는 최고의 무기다.' 했다. 음악도 결국엔 한(恨)과 정(情)의 표현이다.

# 나무 도마

환갑 기념으로 친구와 여행을 다녀오신 어머니는 조그만 나무 도마를 사 오셨다. 선반에는 도마가 여러 개 있는데, 가볍고 예뻐서 사셨단다.

도마는 가볍고 단단한 나무를 써야 날카로운 칼날을 견뎌낸다. 칼이 없으면 자신의 존재도 무의미하다는 것을 아는 도마는 칼춤에 난 상처를 말없이 품는다. 숫돌로 날을 세운 시퍼런 칼이 닿을 때마다 조금씩 깎여나가는 아픔, 뜨겁고 찬 것, 매운맛, 재료들의 냄새까지 품어야 하는 운명을 타고났다.

자라는 환경이 다르니 나무마다 결이 다르다. 도마는 휜 나무를 거부하고 결이 고우며 단단한 나무를 좋아한다. 단단한 나무는 칼과 한몸이 되어 큰소리를 흡수해 경쾌한 소리를 낸다.

예전에는 부엌 선반에 나무 도마가 서너 개쯤 있었다. 밀가루 반죽은 큰 도마에 놓고 홍두깨로 밀고, 김치나 만두 속을 다질 때는 가운데가 조금 파인 중간 크기의 도마, 과일이나 채소는 마늘 냄새가 배지 않은 작은 도마를 쓴다.

나무 도마는 옛 여인의 한을 품어주었다. 전쟁과 자연재해로 힘든 시기를 이겨냈고, 어른을 공경해야 하는 일, 남존여비 사상과 힘든 시집살이, 배고픈 설움까지 속으로 삭여야 할 일이 좀 많은가! 많은 식구와 부딪치며 사는 삶이 어디 좋기만 하겠나? 발로 찰 부엌 강아지라도 있으면 다행이지만, 그마저 없다면 칼을 쥔 손에 힘이 들어가 애꿎은 도마가 파여 나간다.

차마 견디기 힘든 세월을 비집고 올라오는 서러운 감정을 칼과 도마가 다독여 주었다. 넉넉한 살림이라면 "또각또각, 똑 똑똑" 칼의 리듬과 화음에 흥이 절로 난다. 때로는 주부의 신바람이 가족의 화목과 건강을 지켜준다.

오늘이 어머니 제삿날이다. 부모님이 안 계시니 친정이 멀게 느껴진다. 아버지 제삿날은 명절과 겹쳐서 우리 집 차례 준비로 참석을 못 하고 일 년에 한 번씩 어머니 제삿날에 동기간이 모인다. 어머니 제사는 4월 초라 진달래와 벚꽃이 한창이다. 오 가며 창밖 풍경을 보는 것이 좋지만, 다음 날 소풍을 가듯 부모님 산소에 간다.

코로나19로 삼 년째 어머니 제삿날에 못 갔다. 올케한테 간소하게 차려서 지내라 전화했지만, 허전하기도 하고 싱숭생숭해 먼 산만 바라보다가 풍물장으로 향했다.

풍물장에는 마스크를 쓴 사람이 북적인다. 입맛을 돋우는 봄 채소와 과일이 있는 끝에 어물전이 있고, 어물전에는 물 좋은 자반고등어가 쌓여 있다. 친정은 시골이라, 장날이면 자반고등어나 꽁치,

동태를 맛볼 수 있었다. 자반고등어를 제일 좋아하시는 어머니는 아궁이 불을 끄집어 놓고 석쇠에 얹어 자글자글 구운 자반고등어를 머리까지 꼭꼭 씹어 드셨다.

자반고등어 한 손을 사니 허리 높이쯤 되는 도마에 올려놓고 배가 불룩한 무쇠 칼로 툭툭 잘라 검은 비닐봉지에 넣어 준다. 기우뚱한 도마를 보니 등이 꾸부정하고 한쪽 어깨가 조금 기울어져 걷는 어머니 모습이 생각나서 콧등이 시큰해졌다. 내가 살아온 이야기를 소설로 쓰면 만리장성을 잇고도 남을 거라 하신 어머니.

어머니는 평생 민얼굴에 무명옷으로 사셨다. 대쪽같이 올곧고 칼날같이 냉정하셔도 친척에게는 관대하신 분이다. 제사에 참석하고 돌아가는 친척에게 농산물을 묵직하게 들려주셨다. 도시에서 우리보다 잘 먹고 잘사는데 왜 주냐며 심통을 부렸다. 마주하면 근원을 알 수 없는 화가 올라와 별스럽지 않은 말에도 톡 쏘아붙이던 철부지였다.

요즘은 나무 도마를 쓸 일이 거의 없다. 육류는 기계로 썰어 부위별로 포장되어 있고, 생선도 다듬어서 포장해 준다. 걸레 대신에 일회용 물티슈를 쓱쓱 뽑아 쓰는데 끓는 물로 소독하고 햇빛에 말리는 나무 도마를 쓰겠는가!

젊은 세대들은 도마를 쓸 일이 적어서 에너지가 밖으로 뻗어 참을성이 부족한가 보다. 때로는 부서지고 떨어져 나가는 아픔이 있어도 자기 성찰의 시간이 지나면 새롭게 태어난다. "너희들은 좋은 세상에 태어났다. 여성 대통령이 나오고 여성 장관이 나오지 않니?" 어머니 말씀이 들리는 듯하다.

아들이 좋아하는 돼지고기 넣은 김치찌개를 끓이기 위해 김치를 썰어 저녁 준비를 하고 있다. 식구들 건강의 공은 도마가 가장 크다.

# 보파시장(補破詩匠)

보파시장이란? 잘못된 글이나 시구 등을 고쳐 주는 사람을 말한다. 유득공의 『고운당필기』에 『보파시장』이라는 글이 나온다. 학문은 뛰어나나, 과거에 시험을 볼 수 없는 사람들이, 남의 글을 고쳐 주거나 첨삭해 주며 생활한 실학파 문인인 유득공과 친구 이덕무가 있다.

유득공은 지식인이지만 가난했다. 발해는 고구려 옛 장수인 대조영이 고구려의 유목민과 세웠다. 민족사를 재인식하여 발해를 우리 국사의 영역으로 넣어서 『발해고』를 썼다. 벼루 수집가로 벼루 계보를 정리한 『동연보』를 남겼다.

이덕무(1741~1793)도 책만 읽는 바보라는 '간서치'란 별명을 가진 문장가며. 여덟 살 때, 아홉 가지의 독서법을 정리한 독서가다. 유득공과 이덕무, 박제가는 정조의 총애를 받아 규장각 검서관을 했다. 이덕무는 벼루에 물이 얼 정도로 추워서 잠을 잘 수 없어 책을 펴서 이불 위에 덮고, 머리맡에 세워놓아 찬 바람을 막았다고 한다. 정조는 이덕무에게 남의 글을 교정하거나 남의 책을 정리만 하지 말고 그대 책을 쓰도록 하라. 하고 내탕금 5백 냥을 하사해 그의 유고집을 간행하고 아들 광규를 규장각 검서관으로 특별채용했다.

조선 후기에는 도서 대여점이 인기가 있었다. 장인들의 수공업으로 만든 한지가 비싸서 중앙정부에서는 많은 양의 도서를 발행하지 못해서 명문가나 지방 관청에만 배포하였다.

한글로 된 소설책이 인기 있었는데 열 권으로 된 『춘향전』 한 질을 빌리려면 쌀 한 말을 주어야 하니 부녀자나 가난한 백성들은 부담이 커서, 빌려온 책을 필사해서 돌려가며 볼 수밖에 없었다. '필사하는 손은 몸 밖의 뇌라.' 하였다. 글을 익힌 사람이 정성을 다해 필사를 하지만 사람이 하는 일이라 오자나 탈자가 있어 문장이 매끄럽지 않을 때가 있다. 아무리 좋은 생각과 표현이라도 문자로 남기지 않으면 쉬 잊게 된다. 보파시장의 눈은 먹잇감을 찾는 독수리 눈같이 예리하고, 뱀같이 지혜롭고, 비둘기같이 온순해야 한다. 보파시장으로 생계를 꾸려가는 사람이 있었고, 학문이 널리 알려진 보파시장이 검수한 책은 인기가 많았다. 전한다.

내가 같이 활동하자고 꼬드겨 문화원 문학창작반에 등록한 사람이 첫 작품을 메일로 보내왔다. 자서전 같은 글을 30장 넘게 쓰면서 많은 위안을 받았을 것이다. 컴퓨터에 옮기고 절반으로 줄여드렸다. 20년 넘게 문인협회 회원으로 활동하다 보니 남의 글이 보인다. 매끄럽게 이어가는가, 오자나 탈자, 잘못된 수식어를 찾아내어 고치기는 하지만 내 글이 아닌 다음에야 문장을 고칠 수는 없다.

그 후 몇 번 메일로 보내서 고치는 일이 있었다. 일기를 쓰던 실력과 열정이 있어서 차츰 좋은 글을 썼다.

'문인은 독자의 평을 감사하게 생각하고 지적한 곳은 다듬어야 한다.'라는 생각이다. 글을 쓰면서도 찜찜해서 낱말을 넣었다 빼거나 바꾸어 가며 망설이던 곳은 독자도 같은 생각인지 꼭 그곳을 지적해 준다. 내 글은 문장에 신경을 쓰기 때문에 오자는 잘 보이지 않는다. 몇 번씩 교정을 보았지만, 발간한 책에 오자가 나왔다. 오자를 지적해 주면 고맙다는 인사를 하고 바로 고친다.

역사적인 사실을 쓸 때는 여러 문헌을 참고하고 배운 대로 서술하기도 힘들다. 조선시대에는 사화가 많아 하루아침에 멸문되기도 하였다. 내 글에 있는 분은 증조부부터 벼슬하였으나 아버지 대는 가난하여 어려서부터 외갓집에서 성장을 하였고, 장가를 가서도 처가살이하였다. 무관인 장인이 활쏘기와 말타기 등 무과 시험 과목을 가르쳐 32세의 늦은 나이에 무과에 합격해서 10년 만에 처가살이를 면하였다. 남의 글을 지적할 때는 공부를 하고 그만한 증거가 있어야 한다. 인터넷상에는 오류도 있는데 나는 인정할 수 없다며 항의하는 글을 보내와 난감하였다.

첫 수필집을 낸 분의 수필집을 받았다. 자세하게 설명하지 말고 가지치기를 여러 번 해야 글이 늘어지지 않아 주제가 선명하고, 독자가 생각할 여분을 남겨두어야 한다고 배웠다. 그분의 작품집에 원자력 발전소에 대한 글이 눈에 띄었다. 나도 영광 원자력 발전소를 견학하여 원자력에 대한 설명을 들어서 관심이 갔다. 글이 너무 길어 산만하고 매끄럽지 못하다는 생각이 들어서 글 전체를 컴퓨터에 옮겨서 반복되는 설명은 삭제하고 매끄럽게 읽힐 수 있도록 문장을 다듬으며 하루를 보냈다.

많이 망설이다가 내 생각을 이렇게 전하니 한번 읽어 보시라는 메일을 보냈다. 메일을 읽고 여러 날이 지났는데도 아무 연락이 없고, 만났을 때도 거리를 두는 느낌이다. 지도교수가 시를 고쳤다고 가입해 활동하던 문학회에서 탈퇴했다는 소식을 들었다. 유득공이나 이덕무만큼 학덕을 갖추지 못하면서, 먼저 등단했다고 건방을 떤 것 같아 마음이 편치 않았다.

각자의 생각과 이해가 다르니 오지랖 넓게 참견할 일이 아니라는 것을 깨달았다. 앞으로 신변잡기 글은 시간 낭비니 그냥 덮고 좋은 글을 찾아 읽으며 실력을 키워야겠다. 하는 생각을 하게 되었다.

안톤 체호프는 '의학은 아내요, 문학은 떨어져 살 수 없는 정부다. 나는 청진기와 메스를 버리고 펜을 잡았다.' 하였다. 그만큼 문학을 사랑하고 즐겼다는 생각이다.

지금은 우리말 검사기가 해결해 주니 청소년들의 글은 오자가 없고 문장이 매끄럽다. AI가 제목을 알려 주거나, 입력한 단어를 바탕으로 주제에 맞는 시를 쓰는 시대다. 우리말 검사기가 보파시장(補破詩匠)을 대신하니 보파시장이란 단어는 사전에나 남겠다. AI는 입력된 단어를 찾아 글을 잘 쓰지만 가슴 가득 감성으로 채우지 못해 독자의 마음을 열기 힘들다. 시대에 맞춰 독자가 외면하는 글이 아닌 가슴에 오래 남는 글을 쓰도록 노력해야겠다.

# 눈으로 말해요

춘천 중심부에 우뚝 솟은 봉의산 정상에는 여러 가지 운동 기구가 있고 쉴 공간이 있어서 많은 사람이 찾는다. 몽골의 4차 침입 때 백성과 안찰사, 군졸이 봉의 산성 안으로 들어가 항쟁 중 식수가 모자라 말의 피를 마시며 싸우다 모두 순절하였다. 6.25전쟁 때는 소양강을 건너오는 적을 향해 포를 쏘아 방어하던 요충지다.

8부 능선쯤에는 언제 쌓았는지 알 수 없지만, 지형에 맞추어 쌓은 성과 건물지로 추정되는 곳에 초석과 기와 조각이 있다. 성을 쌓았던 돌은 계단이 되었고 규격품 돌로 산성을 복원해 놓아서 폭우에 무너지기도 한다.

등산로에는 길이 파이는 것을 막고 미끄럼 방지를 위해 매트를 깔아놓고 나무 기둥을 세운 후 밧줄로 묶어 등산객을 보호하고 있다. 나무 기둥이 썩어 흔들리고 밧줄도 늘어져서 올봄부터 봉의산 정비 사업을 한다.

평상시에는 별로 관심 없었는데 비탈길에서 줄 바꾸고 기둥을 세우는 일이 힘들어 보여, 일하는 사람을 비켜 가기가 송구스러웠다. 외국인들이 나무 기둥을 두 개씩 지게에 지고 두 사람씩 짝을 지어 오른다. 과히 높지는 않아도 가팔라서 빈 몸으로도 힘든데, 무거운 짐을 지고 좁은 길을 게걸음으로 올라야 한다. 둥글게 뭉쳐진 밧줄, 시멘트부대, 물도 져 날라야 한다.

힘이 들어 거친 숨을 몰아쉬며 땀을 흘리고 있다. 마주치면 얼른 비탈로 비켜 지나가기를 기다리며 "수고하십니다." 인사를 한다. 사람의 말에는 힘이 있다. "안녕하셔요" 또는 "고맙습니다." 힘든 내색 없이 정확한 한국말 발음으로 화답한다. 고개를 숙여 인사하는 사람이 있는가 하면 못 들은 척 지나치는 사람도 있다. 못 들은 척 지나치는 사람은 한국어를 못하는 것 같은데 눈이라도 마주치면 좋지 않나.

썩은 기둥 밑에 사각 틀을 넣고 시멘트로 메우는 일은 나이 드신 어른이 하신다. 앉은 자세로 일을 하다가 사람이 오면 얼른 일어나서 길을 비켜준다. '눈을 맞추고 웃지 않으면 진정한 인사가 아니다.' 하는 글을 읽은 적이 있어서 명랑한 목소리로 "수고하십니다." 인사를 하면 "네." 하거나 "고맙습니다." 한다. 말없이 고개 숙이고 눈길만 주어도 마음이 통할 것이다.

잘린 경사면에서 흙이 흘러 내리는 것을 막기 위해 쇠기둥을 박고 나무토막을 쌓아 놓았다. 흙이 닿은 밑에 있는 나무는 썩어서 구멍이 뚫리고 부서져 힘을 잃고 있다. 수리하려면 윗것을 빼고 밑부터 새것으로 채워야 한다.

어느 날, 기둥 하나가 비스듬히 길에 걸쳐 있기에 발로 밀었더니 꿈적하지 않았다. 좋아리만큼 굵은 나무토막이 이렇게 무거운 줄 몰랐다. 힘든 일이니 지나치는 사람에게 인사하기가 귀찮겠지만, 생각하기 나름이다. 꾸준히 하다 보면 일은 마무리되고, 즐기면서 하면 시간이 빨리 가고 힘이 덜 드는 것 같이 느껴진다.

서로의 마음이 통할 때 좋은 관계가 유지된다. 가만히 자리만 지키고 있어도 질서가 잡히는 어른이 계시고, 멀리서 눈빛만 주고받아도 마음이 통하는 사람이 있다. 큰 충격으로 말문이 막혔을 때 따뜻한 눈빛은 열 마디 말보다 위로가 된다.

러시아 문호 뜨류게네프는 산책하다가 걸인을 만났으나 주머니에는 동전 한 푼 없었다. 돈이 없어 미안한 마음에 가만히 다가가 손을 잡아 주었다. 거지는 처음으로 내 손을 따뜻하게 녹여준 분이라며 눈물을 흘렸다고 한다.

사람의 첫인상은 외모가 중요하고, 외모 중에도 눈이 차지하는 비중이 크다. 눈을 보면 순하겠다거나, 성깔 있겠다. 눈웃음을 치는 것을 보면 사교성이 있겠다, 한다.

등산길에 짐을 져 나르는 여섯 명 모두 외국인이다. 농촌에서는 일손이 없어 난린네, 더럽고 힘든 일은 싫고, 마음에 드는 일자리가 없다는 핑계로 부모와 사회를 탓하며 취업을 포기한 젊은이들이 증가한다는 소식을 들을 때마다 안타깝다. 젊은 사람들이 농촌을 빠져나가고 노인만 남아서 외국인 근로자가 아니면 농사지을 사람이 없다. 실업자 수는 느는데 중소기업과 소규모 자영업자는 직원을 구하지 못해 폐업할 처지에 놓여 있단다.

전국에는 호수와 바다, 마을을 돌고 관광지로 연결되는 둘레길이 얼마나 많은가. 그 많은 시설물을 보수하는 일을 외국인 손을 빌려야 하니, 땀을 흘리며 짐을 나르는 외국인 노동자가 고맙다.

편하게 오를 수 있는 돌계단이나 위험을 막아주는 말뚝 하나하나를 소중하게 다룰 일이다. 부러진 말뚝이 교체되고 늘어진 밧줄이 새것으로 바뀌어서 안전하게 봉의산을 오를 수 있어 즐겁다. 말뚝을 한 번씩 쓰다듬으며 산을 오른다.

# 나를 증명하는 것들

일요일 방송되는 「진품명품」 방송을 자주 본다. 다양한 개인 소장품을 감상하고 가격을 맞히는 일이 재미있다. 비싼 것만이 명품이라고 할 수는 없지만, 비싼 것에 눈길이 한 번 더 가고 그런 것을 물려주신 조상이 부럽다. 편리한 것, 새로운 것을 찾아 쉽게 버렸는데, 그 프로그램 덕에 유물에 관심이 가고 물건을 아끼는 계기가 되었다.

신분증은 작고 가벼워서 보관하기가 편해 수집하였다는데 공민증 한 장의 감정가격이 300만 원이라 놀랐다. 신분증에는 나라와 가문의 크고 작은 사건 기록과 변천사가 들어있다. 공민증, 구민증, 피난 주민등록증, 야간통행증, 도민증, 전시 학생증까지. 6.25 후 태어난 세대들은 처음 보는 증명서다.

나를 나타낼 수 있는 가장 보편적인 증명은 공무원증이나 학생증, 운전면허증, 주민등록증이 아닐까? 주민등록증에는 얼굴 사진과 생년월일은 물론 성별과 지역, 현주소까지 기록되어 있어 개인을 가장 잘 나타낼 수 있다.

호적등본의 시초는 호구단자다. 통일신라 때부터 시작된 호구단자는 3년마다 일정한 양식에 따라 호주를 중심으로 연호, 주소, 호주와 처의 4대조, 노비와 동거인까지 포함해서 2통을 작성하여 관에 보고하였다.

관에서는 한 통은 보관하고 한 통은 행판관 관인을 찍어 호주에게 주었다. 호구단자는 신분을 증명하는 자료며 노비의 소유를 증명하고 간혹 소송의 자료로 이용되었다. 대를 이어서 남아있는 경우는 한 가문의 역사가 된다.

국민증은 일본 강점기에 조선의 모든 국민에게 발행했던 신분증으로 항상 소지하고 다녀야 한다는 문구와 지문이 들어있다. 황국신민증(皇國臣民證)을 발행하려고 하였으나 반발이 거세자 황, 신. 두 글자를 빼고 국민증으로 발행하였다.

등록표는 1947년 정부수립 후 남조선의 합법적인 주민임을 증명하기 위해 최초로 발행하였으며 광복 후 일제 청산과 불순세력을 색출하기 위한 신분증명서였다.

공민증은 북한에서 군인을 제외한 18세 이상 거주자에게 발행한 증명서인데 주로 38선 이북에 살던 주민들에 의해서 남아있다.

피난 주민등록증은 사회부에서 6.25전쟁 중 식량 배급과 부역자가 아님을 증명하기 위해 발행한 증서며, 도강증은 전쟁 후 돌아오는 피난민에게 미군 서울 헌병사령부에서 영어로 발급했던 신분증으로 강을 건너는 필수품이었다. 웃돈을 얹어 거래되는가 하면 위조 한 사람이 구속되기도 하였다.

징용 등록증과 징용 해제 통지서는 1950년 7월 미군의 요청으로 징발법에 따라 35~45세 남성 중 증발한 사람에게 발급한 증명서다.

도민증은 1950년~1962년 주민등록법이 제정되기까지 국가 질서를 잡고 월남인들의 신원을 파악하고 반국가적인 행위자를 색출하기 위해 발행한 신분증이다. 처음으로 사진이 붙었다.

주민등록증은 1962년 주민의 거주 관계, 인구조사, 행정사무의 적정 처리를 목적으로 주민등록법을 제정하고 발급한 증명서로 습득하면 우체통에 넣으라는 문구가 들어있다. 지금 우리가 소지한 13자리 번호가 부여된 홀로그램 플라스틱 주민등록증은 1999년 발행하였다.

이 밖에도 문교부 장관이 발행한 전시 학생증, 서울특별 시민증, 야간통행증이 있다. 조선시대의 암행어사만 한 힘을 가진 야간통행증은 기관의 간부나 직업군인, 의사, 가수와 라디오 DJ. 농산물이나 김장철에 김장재료를 실은 트럭 운전자(도로가 발달하지 않아 혼잡을 피해 물자를 운반하는 대형 트럭은 주로 밤에 다녔다). 구호물자가 실린 배에서 하역하거나 운송을 맡은 운전자에게 발행되었다.

해킹에 결정적인 실마리를 제공하는 데이터가 비밀번호와 주민등록번호다. 비용이 들겠지만, 주민등록증을 새로 발행하면 지명수배자, 위조 주민등록증으로 생활하는 사람. 사망신고를 하지 않고 생활 보장 지원금을 타고 있는 사람 등 법을 지키지 않은 사람들을 가려낼 수 있을 것이다.

앞으로는 인공지능을 가진 컴퓨터가 모든 일을 대신하겠지만, 여러 증명서를 통해 개인과 한집안의 가족사, 시대변천사, 국가의 아픈 역사까지 보았다. 나와 내 후손의 얼굴이고 삶이다. 기록도 중요하지만, 그것들을 소중히 보관하고 관리하여 후손에게 남겨주는 것도 우리가 할 일이다.

# 시간은 자연에 맞게 흘러간다

식물도 목숨이 붙어 있는 한, 때가 되면 싹이 나고, 꽃 피고, 씨를 맺어 제 몫을 한다. 가을이 올 것 같지 않게, 덥다가도 하루 이틀 사이에 찬바람이 일면 단풍은 속도를 내며 남하한다. 가을은 노란 은행나무와 한들거리는 코스모스의 계절이다.

생물은 종족 보존 본능이 있다. 아이가 나팔꽃 씨를 얻어와 심고 싶어 안달하기에 9월 초순에 심었더니 싹이 났다. 아이는 꽃이 언제 피냐. 채근하며 소풍 가는 날만큼 기다렸다. 나팔꽃은 덩굴손을 뻗어 높게 올라가는데 겨울이 가까이 왔음을 감지했는지 위로 뻗지 않고 몇 개의 마디에서 꽃이 피고 씨가 맺었다.

박물관 입구는 복합문화관 공사가 끝날 때까지 호반체육관을 통과하는 임시 출입구가 만들어졌다. 산을 밀어 길을 내고 지대가 낮은 곳을 메워 코스모스 씨를 뿌렸다. 모래흙에 거름이 부족해서 자라지 못하고 노랗게 말라가고 있는데 아무도 관심을 두지 않는다.

줄과 줄 사이에는 잡초가 더 크게 자라 햇빛을 받기 힘들고 솎아주지를 않아 콩나물같이 가늘어 꽃이 제대로 필 것 같지 않았다. 모래흙이라 가뭄을 더 타는지 여름 햇살에 배배 꼬인 채 목숨을 부지한다. 싹을 냈으니, 꽃이 피어야 제 몫을 하지 않겠나? 보는 내가 더 애처롭다.

코스모스는 가을에 핀다. 매미들의 울음이 빨라지고 잠자리의 날갯짓이 가벼워졌다. 꽃도 피지 못하고 죽어버릴 것 같더니 늦장마가 끝나고 입추가 지나자. 잡초는 성장을 멈추고 코스모스가 쑥쑥 자라 보란 듯 얼굴을 내민다. 뙤약볕에 단단한 몸을 만드느라 에너지를 소비한 잎들은 아래서부터 한 잎씩 버려 갈색이지만 위로 갈수록 초록이 싱그럽다.

아침저녁으로 선선한 바람이 불자 작은 키에도 꽃망울이 보인다. 산을 오르는 바람이 단풍을 실어 날라 하늘까지 붉게 물들 때 코스모스도 때를 맞춰 일제히 꽃을 피웠다. 더러는 목이 성큼 올라와 코스모스다운 면모를 보여주고 있다. 불청객인, 태풍도 여린 코스모스 씨가 영글어 가는 모습이 기특했는지 털끝 하나 건드리지 않고 지나갔다.

요즘은 코스모스도 개량종이라 키가 크고 꽃송이가 탐스러우며 꽃 색이 선명하지 않아 청초한 맛이 덜하다. 진노랑 코스모스는 낯설다.

박물관 길에 핀 코스모스는 촘촘해서 쓰러지지 않고 가냘픈 몸에 꽃송이도 작아 애련하다. 나비와 벌이 날고 많은 사람이 사진을 찍으며 사랑을 주고 있다. 까만 씨가 떨어져서 내년에도 어김없이 꽃길을 만들 것이란 믿음이 있어 장하다고 쓰다듬어 주었다.

자연은 시간에 맞게 돌아가는데 언제나 성급한 사람이 문제다. 씨 뿌릴 시기가 있고 거둬들일 시기가 있다. 날씨가 좀 포근해졌다고 모종을 일찍 심으면 냉해를 입게 되고 수확 시기에 늦장을 부리다가는 하룻밤 새 된서리를 맞기도 한다. 늦었다고 조급해도 수확의 차이는 좀 나지만 때가 되면 결실을 거둔다. 자연 앞에 인간은 작아진다. 늦여름이 주는 햇빛의 힘으로 열매는 단맛을 채우고 새 생명을 잉태한다.

식물은 절기에 맞게 꽃피고 열매 맺으며 제 몫을 하듯이 사람도 나이에 맞게 성장하고 결혼하여 다음 세대를 이어가야 하지 않을까? 둘이 만나 두 명의 자식을 두어야 공평한 계산이다.

노인의 수명은 늘어나는데 결혼해도 아이를 낳지 않거나 출생률이 0.78%니 인구가 감소하고 노령사회가 된다. 명절을 며칠 앞두고 중앙시장 환승센터에서 버스를 기다렸다. 젊은 사람은 직장에서 근무할 시간이고 방학으로 대학생들이 없어서인지 30여 명 중에 젊은이는 없고 모두 노인뿐이다. 버스 안에도 노인뿐이다. 앞으로는 생산 인구가 준다니 젊은 사람들에게 짐을 지우는 것 같아 미안하다.

시간은 절기에 맞게 흘러가지만, 호수와 어우러진 단풍을 오래 볼 수 있고 코스모스 씨가 영글게 서리가 좀 늦게 왔으면 좋겠다. 내년에는 더 많은 코스모스꽃을 볼 수 있으리라 기대가 된다.

# 꾀꼬리 봉송

등산로를 천천히 걷고 있다. 자주 걷는 길인데 오늘은 예쁜 버섯이 쏙 얼굴을 내밀고 찍르르 틱 틱 틱 딱따구리가 반긴다. 태풍이 지나가지 않았는데 발밑에는 푸른 잎을 단 도토리가 널려 있다. 도토리에 잎을 서너 개씩 붙어서 떨어뜨린 도토리거위벌레의 작품이다. 도토리만 떨어트리면 깨질 염려가 있어서 충격을 완화하기 위해 잎을 붙여서 떨어뜨린 지혜가 놀랍다.

알이 부화해 도토리를 파먹고 자란 후 뚫고 나와서 땅속으로 들어가 애벌레로 자라고 번데기를 거쳐 다시 참나무가 있는 숲으로 돌아온다. 도토리에 알을 낳으면 도토리거위벌레라 부르고, 도토리 잎에 알을 낳으면 거위벌레라 부른다.

씨앗 한 톨을 묻어두면 새의 부리 같은 연두 싹이 나와서 줄기를 만들고 꽃과 열매를 달아 나비와 새까지 모여든다. 신록이 우거진 여름에는 거위벌레가 도토리잎에 좁쌀만 한 노란 알을 하나 똑 떨구고 야무지게 말아 놓았다. 얼마나 정교하게 쌌는지 돌돌 말린 나뭇잎은 풀기가 힘들다.

봉송은 잔치나 상례를 치르고 나서 손님이 돌아가실 때 정성이 가득 담긴 예물을 싸서 드렸다. 마을에서 소. 대상을 치른 집을 다녀오신 할머니의 손수건을 펼치면, 떡과 전, 과자가 들어 있었다. 옥춘이 녹은 한지에는 예쁜 꽃이 피어 있어 서로 가지려고 다투었다. 꾀꼬리가 울 즈음 거위벌레가 알을 낳은 후 도토리 잎을 봉송 싸듯 정성껏 싸서 떨어뜨리니 꾀꼬리 봉송이라 부르는가 보다.

동, 식물은 생김새에 따라 비슷한 이름이 붙는 경우를 종종 본다. 거위벌레란 이름이 흥미로워 자연 다큐 프로를 눈여겨보았다. 입이 거위처럼 길어서 거위벌레란 이름이 붙었다.

자연에서 벌레도 저마다 살아가는 방식이 있으니 신기하다. 자기보다 덩치가 큰 수놈을 업고 힘겹게 알집을 만들고 있다. 커다란 도토리잎을 세로로 수없이 오가며 입으로 잘근잘근 씹어 부드럽게 한 후 노란 알을 한 개 똑 떨구고 자로 잰 듯이 꼭 맞게 포개서 양쪽을 다독이며, 멍석을 말듯이 돌돌 말아 떨어뜨렸다.

손톱보다 작은 거위벌레가 서너 시간 동안 양쪽 끝을 오가며 꼭꼭 눌러서 돌돌 말아 놓는 솜씨가 일품이다. 부화한 애벌레는 나뭇잎을 속부터 조금씩 갉아 먹으며 안전하게 자란다. 종족 번식을 위해 최선을 다하는 거위벌레만큼 사람도 자식을 사랑과 정성으로 키운다면 해체되는 가정이 없을 것 같다는 생각이 든다.

요즈음 이혼가정이 날로 증가하여 사회적인 문제가 되고 있다. 부부 사이가 안 좋고 싸움을 자주 하면, 사춘기를 지나면서 여자아이는 동성으로 공감하는 부분이 많고 아빠의 미운 행동이 자꾸 보여 엄마 편을 든다. 남자아이는 아빠 편이 되니, 화목한 모습이 좋은 가정교육이란다. 이혼하는 당사자들이야 참기 힘든 사정이 있겠지만 아이들은 큰 충격을 받게 된다.

얼마 전 아파트단지 내에서 매일 우유가 없어지는 소동이 일어났다는 보도를 보았다. 범인은 부모의 이혼으로 아버지와 같이 살다가 아버지마저 가출하여 남겨진 남매였다.

수도와 전기가 끊긴 상태에서 배고픔과 추위에 떨며 반년 넘게 살았지만, 관심 갖는 사람이 없었다. 라면으로 끼니를 때우다 그마저 어려워 이웃의 우유를 훔쳐 먹고 연명하는 기막힌 사연을 보았다.

나쁜 환경에서 자라난 아이들은 어두운 밤거리를 배회하거나 컴퓨터 중독자, 미혼모, 원조교제 같은 사회 문제를 만들기 쉽다. 인생의 가장 소중한 청소년기를 바르게 살지 못하였기 때문에 커서도 가정의 해체가 반복되는 일이 일어난다.

콩알만 한 작은 갈색의 거위벌레가 만물의 영장인 사람에게 큰 교훈을 주고 있다. 사람인 우리가 자신의 알 하나를 그토록 정성스럽게 매만지는 거위벌레만큼도 못 해서야 되겠는가? 부모는 아이들이 티 없이 밝게 자랄 수 있도록 사랑을 듬뿍 쏟아 주어야 하고, 좋은 환경에서 바르게 자랄 수 있도록 만드는 일이 출생률을 높이는 것만큼 중요하다.

꾀꼬리 봉송이 밟히지 않고 마르지 않게 풀숲으로 슬쩍 밀어 넣으며 산길을 오른다. 산은 사유의 공간이며 안식처다.

# 대한민국 건국훈장 애국장에 추서된 일본 여인

문경 박열 의사 기념관을 오르는 왼쪽 양지바른 곳에 단아한 묘가 있다. 박열과 옥중에 결혼한 일본인 가네코 후미코의 묘라 눈길을 끌었다. 일본인으로 두 번째 대한민국 건국훈장 애국장에 추서된 일본 여인이다.

박열 의사의 영원한 동지이자 아내인 가네코 후미코의 아버지는 사생아였고 가네코 후미코도 사생아다. 무적자(無籍者)라 학교에 입학할 수 없었고 친척 집을 떠돌다 충북 청원군 외할아버지 집으로 보내져 호적에 올랐다. 고모 집에서 할머니의 학대를 받으며 어렵게 생활했다.

일본으로 돌아왔으나 부모의 이혼과 재혼으로 생활이 안정되지 않아서 친척 집을 전전하며 신문 배달과 어묵집 점원 생활을 하면서 세이로쿠 가쿠엔 영어 교습소에서 공부하였다. 이때 사회주의자들과 교류를 하며 왕실이나 사회적 권위를 부정하고, 개인의 자유와 평등, 정의, 형제애를 실현하는 사상을 가진 아나키스트가 되었다. 이때 아나키스트인 박열을 만나서 같이 활동하였다. 일제 탄압을 비판하고 의열단과 연계해 히로히토 황태자 결혼식장에 폭탄을 반입해 투척할 것을 모의하였으나 실패하였다. 박열과 함께 구속되어 사형을 선고받았다가 무기징역으로 감형되었다.

옥중에서 두 사람은 결혼하였고 박열 호적에 올랐다. 3년 후 가네코 후미코는 우쓰노미야 교도소에서 시신으로 발견되었다. 사인이 밝혀지지 않아 자결하였다는 소문이 있다. 한국과 일본에서 환영받지 못한 인생, 얼마나 외로웠겠나. 평생 감옥에서 핍박받느니 차라리 자결하는 편이 나았을지도 모르겠다. 박열의 형이 유골을 인수하여 문경 함양박씨 문중에 안장하였다가 박열 의사기념관이 설립되어 이장하였다.

일본에서 일본 국적인 부모 사이에서 태어난 여인도 조선의 독립운동을 하는데, 왕실은 일본으로부터 내탕금을 넉넉히 받았고, 사대부 중 일부는 작위를 받고 친일에 앞장섰다. 일본의 앞잡이가 되어 완장을 차고 동포를 괴롭히거나 밀정 활동을 한 사람. 감옥 안에도 밀정이 있었으니, 그들이 일본인보다 더 악랄하였다고 전한다. 그녀의 수기 「무엇이 나를 이렇게 만들었는가」 원작으로 KBS 스페셜에서 박열과 가네코 후미코에 대한 다큐가 제작 방영되었다.

박열은 납북되어 북에서 사망하였기 때문에 묘는 없고, 기념관을 오르는 오른쪽에는 자그마한 초가인 생가가 있다. 누우면 발이 닿을 것 같은 마루로 연결된 작은방 두 칸과 부엌이 전부이고 헛간으로 쓴 공간이 있다. 박열 의사의 기념관을 들어서면 초등학생들의 미술품을 전시하고 있다. 귀를 덮은 머리가 양쪽으로 뻗고, 굳게 다문 입과 예리한 긴 눈의 상반신 사진이 있다. 2층에는 말끔하게 면도하고 양복을 입은 사진을 보면 같은 사람이란 느낌이 들지 않았다.

박열은 독립운동가, 시인, 정치가, 사회운동가다. 경성고등보통학교 재학 중 3.1 만세 운동 시위에 가담하여 퇴학당하고 일본으로 건너가 무정부주의 운동에 투신하였다. 신문 배달과 막노동으로 힘든 생활을 하면서도 세이소 카쿠엔 고등학교에 다녔다. 의열단, 비밀결사인 흑우회 등을 조직해 사회주의 신봉자가 되었다. 간토 대지진 직후 대역 사건 중 하나인 박열 사건의 주모자다.

한국인 교민 단체인 재일본 조선 거류민단 초대 단장을 지냈다. 가네코 후미코와 히로히토 황태자 결혼식 때 암살을 모의했으나 실패하여 구속되었다. 박열은 해방과 함께 22년 수감 생활을 청산하고 자유인이 되어 장의숙과 결혼하여 자식을 두고 정계에서 활동하였다.

김구의 부탁을 받고 3 의사인 윤봉길, 이봉창, 백정기의 유해 발굴과 송환 위원장으로 활동하였고, 이승만 계열 남한 단독 정부 노선을 지지하였다.

2012년 건국훈장 대통령장을 받았으며 넓은 터에 생가와 전시관이 준공되었다. 전시관에는 그의 저서인 『신조선 혁명론』이 있고, 문단 활동 내용과 작품, 편지글, 신문에 보도 된 내용 등 볼거리가 많다.

영화와 뮤지컬로 상영되었던 장면이 벽면을 장식하고 있다. 옥중 결혼식 사진과 두 사람이 한복을 입고 찍은 사진이 있다. 가네코 후미코는 24살의 꽃다운 나이에 생을 마감하였으니 아깝고, 한복 입은 모습이 고와서 애처롭다. 한국과 일본을 전전하며 가난을 물리치기 힘들어도, 자유와 평등, 정의와 형제애의 뜻을 굽히지 않고 일제와 맞섰으니 존경한다. 그녀의 무덤에 붉은 장미꽃을 바치고 싶다.

# 단풍 따라온 손님

반찬이 궁금한가? 저녁을 먹는데 직박구리가 유선 줄에 앉아 꼬리를 흔들며 들여다보고 있다. 반가운 마음에 흘깃흘깃 쳐다본다. 감나무는 단풍이 곱지만, 잘 익은 감도 가을 정취에 한몫한다. 주홍 감을 배경으로 앉아 있는 직박구리는 가을하늘이 그려놓은 풍경화다.

마당에는 몇 그루 나무가 있어 매미가 합창하고, 환풍구에서 곤줄박이가 새끼를 쳐 나가고, 직박구리까지 모여드니 좋은 터라며 반겼다.

마당 가득 주홍 감이 집안을 밝히고 있다. 올해는 연이은 태풍과 두 달 동안 계속 내린 장마로 농작물과 과수 농사가 흉작인데 우리 집 감은 풍작이다. 직박구리 가족이 소풍을 나왔는지 감나무와 매화나무로 날아다니느라 분주하다. 가을 햇볕 속에서 그들의 유희를 보는 기쁨이 며칠 못 갔다.

잘 익은 감이 그들의 먹잇감이다. 매달려 있는 감꼭지가 늘어난다. 검은등뻐꾸기나 종달새처럼 맑은 목소리로 음률에 맞게 노래를 들려주면 참으련만, 찌~찍 찌리릭. 직박구리 소리는 소음이다.

새가 상처를 낸 과일은 더 달다고 하는데 새는 색맹이다. 새가 쪼아 상처를 내면 나무는 열매를 살리기 위해 그쪽으로 더 많은 양분을 집중해 보내기 때문이다. 벌은 꿀만 먹는 줄 알았더니 감도 먹나 보다. 새가 쪼아 상처를 낸 홍시 속에 나나니벌이 숨어있었는지 홍시를 따다가 손바닥을 쏘였다. 따끔하기에 놀라 혀를 대니 씁쓸하고 마취 주사를 맞은 듯해서 잠시 감각이 없었다.

눈 속에 까치밥을 달고 의젓하게 서 있는 감나무는 한 폭의 그림이다. 먹이가 귀한 겨울철에 새들 먹이까지 배려하는 마음이 얼마나 아름다운가! 왜? 사과와 배, 복숭아는 까치밥을 남겨두지 않을까? 사과와 배, 복숭아 과수원은 조류의 피해가 가장 커서 인조맹금류를 띄우고 그물을 치지 않는가. 까치는 지능이 높아서 인조맹금류가 과수원을 휘젓고 다녀도 두려워하지 않고 잘 익은 과일을 축내 골칫거리다.

'감나무 과수원집은 꼽추가 한 명씩 있다.' 하는 어른들 말씀이 있다. 감나무는 가지가 약해 잘 부러져 감을 딸 때는, 가지째 똑똑 꺾는다. 나무에 올라가면 가지가 부러져 위험해 긴 장대를 쓰지만, 장대가 닿지 않는 곳은 수확을 포기하니, 까치밥으로 새들의 먹이가 되는 것은 당연하다.

들락거리는 직박구리를 보며 잊었던 추억 한 자락이 비집고 올라왔다. 아마 초등학교 저학년 때일 것이다. 비탈밭 위로는 낮은

산이 이어져 있어 가끔 산에 올라 나물을 뜯거나 알밤을 줍고 버섯을 땄다. 언니와 함께 나물을 뜯으러 올라갔다. 부리가 붉고 노란, 예쁜 새가 머리 위로 휙 지나갔다. 고운 새에 홀려 따라갔다. 참나무 가지를 휘어 겹친 부분에 새 둥지가 있었나 보다. 순식간에 두 마리가 번갈아 가며 달려들어 쪼아댔다. 놀라서 뛰었지만, 솔개가 내려꽂히듯 따라오니 나뭇가지를 꺾어 휘저으며 도망치다 넘어져 무릎이 까졌다. 무섭게 발머리까지 쫓아오던 그 새가 꾀꼬리란 걸 나중에 알았다.

직박구리가 유선 줄과 난간에서 햇볕을 쬐며 정답게 꼬리를 흔들고 자리를 바꿔가며 폴짝폴짝 난다. '내 집에 온 손님을 잘 대접해야 복 받는다.' 하여 가난해도 친지가 찾아오면 극진하게 대접하였고 박물 장사에게 끼니를 해결해 주었으며 거지도 굶어 죽지 않았다. 반가운 손님도 자주 오면 귀찮지만, 감나무 가지 사이를 요리조리 비집고 다니며 잘 익은 감 하나를 번갈아 쪼아먹는 모습은 종일 보고 있어도 지루하지 않다.

된서리가 내려 감나무 잎이 우수수 떨어진다. 감을 딸 때다. 감을 좋아하는 손님 접대용으로 서너 개쯤은 남겨두어야겠다. 직박구리야 맛 좋고 영양이 풍부한 감을 먹고 겨울을 잘 나렴.

# 호박꽃이 피었다

계절의 변화를 즐기며 풍물시장을 가는 중이다. 장에 간다는 것은 핑계고 풀과 나무, 꽃, 헤엄치는 오리를 보며 한 시간 정도 걸으면 운동이 된다. 고마리와 여뀌꽃이 한창이고 오리가 신바람을 일으키니 약사 천을 걷는 즐거움이 배가 된다. 자잘한 여뀌꽃 틈에 핀 호박꽃 한 송이가 별로 떠 인사를 한다. 진하지도 연하지도 않은 노란 호박꽃이 수수하고 복스럽다.

호박은 순한 성질이 있어서 애호박부터 늙은 호박까지 쓰임이 많다. 서리가 내릴 때까지 지칠 줄 모르고 열매를 맺어 식탁을 풍성하게 해준다. 너무 흔하고 가까이 있어 고마움을 모른다.

아기 손바닥만 한 꽃이 밥솥만큼 큰 열매를 맺는 식물은 흔치 않을 것이다. 여린 듯 하나 무게를 바치고 있는 강한 줄기의 저력, 영양가를 가득 채우고 황금색으로 마무리한 호박은 비옥한 땅, 물, 해가 합작한 놀라운 변신이다.

밭에서 금방 딴 호박은 연하고 맛있어, 담 밑에 두 포기를 심는데 마디마다 열려 크는 것을 보는 재미가 쏠쏠하다. 큼직한 꽃에는 꿀을 가득 담고 있어 인심이 후하고, 화분도 많아 꿀을 따는 호박벌 몸이 노랗다.

어렸을 때는 심심해서 꿀 빨기에 정신이 팔린 호박벌한테 가만히 다가가 꽃잎을 오므려서 윙윙하는 소리를 즐기다 손을 쏘였고, 밤이면 호박꽃에 반딧불이를 가둬 초롱을 만들어 흔들며 놀았다.

호박씨는 발아가 잘 되는지, 썩은 호박을 마당 귀퉁이에 버렸더니, 날이 풀리자, 모자를 쓰고 소복하게 올라왔다. 한 포기만 키웠는데 잎만 무성할 뿐 호박이 달리지 않았다. 예전에는 잘 여문 호박씨를 받아서 심었는데, 매년 씨를 팔기 위한 종자 개량으로 모종을 사다가 심어야 호박이 잘 달린다.

호박이 열렸다고 다 크는 것이 아니다. 수정이 안 되거나 중간에 떨어지는 것도 있다. 호박은 하루가 다르게 자라 관심을 두지 않으면 늙어 버려 매일 호박 포기를 뒤지며, 딸 시기를 가름한다. 딸 시기가 지나면 모든 에너지를 호박이 크는 데 소모해서 덜 열린다. 암꽃은 처음부터 호박이 달려 있기에 눈여겨보게 되고 비가 오는 날은 벌이 찾기 힘들 것 같아 수꽃을 따다 암꽃에 수정시킨다.

'호박꽃도 꽃이냐.' 하지만 약사 천변 여뀌 틈에 자리 잡은 호박꽃은 눈을 사로잡는다. 물가에 호박을 심을 리 없고 아마 씨가 한 알 떨어져서 발아해 꽃을 피웠나 보다. 척박한 땅이며 돌보는 사람도 없으니 호박 줄기는 길게 뻗지 못하고 한 발쯤 된다. 잎만 무성하고 꽃망울 없이 수꽃 한 송이만 피었다. 며칠 있으면 서리가 내릴 텐데, 짝을 만나지 못하니 얼마나 외로울까. 인물이 훤한데도 혼기를 놓친 옆집 노총각 얼굴과 겹친다.

홀로 핀 호박꽃을 보니 아침에 읽은 신문 기사가 생각난다. 결혼식 비용이 많이 들고 내 집을 장만하기 힘들며, 교육비가 많이 들어서 결혼하지 않고 아이도 낳지 않아서 인구가 줄고 있다. 여성들은 인품이나 인물도 중용하지만, 직장과 재력까지 고려하여 배우자를 구한다니 남자들은 장가 가기 힘들어 은둔형이 늘고 있단다.

남아선호 사상이 하늘만큼 높던 때가 있었다. 바뀐 호주제도를 보고 여권이 신장하였다거나, 여성 상위시대라 하듯이 여자아이를 선호하고 여성 출생 비율이 높아 초등학교에서는 여학생보다 남학생 수가 많다고 한다.

동물이나 식물은 종족 번식이 삶의 최대 과제일지 모른다. 살아온 날보다 살아갈 날이 적은 호박꽃은 얼마나 외로울까? 모든 에너지를 한 송이 꽃에 보냈기에 더 탐스럽게 피었지만, 내일이면 대를 잇지 못하고 시들어 버리겠다.

씨가 떨어져 9월에 새싹이 나온 나팔꽃은 덩굴을 뻗지 않고 마디마다 꽃을 피워 씨를 맺던데 호박이 한 개라도 열어야 하지 않을까. 뻗어나갈 공간마저 부족하지만 서리가 내릴 때까지 꿋꿋하게 햇빛과 양분을 빨아올려 제 몫을 하거라. 누군가가 개똥참외 따듯 애호박을 들고 활짝 웃는 모습을 상상하며 카메라 셔터를 누른다.

# 3

# 아버지가 남기신 발자국

좁은 길에서 잘못 들어온 버스가 돌아 나갈 때까지 조용히 기다려 주는 인내심. 얄밉도록 친절한 쇼핑센터 점원. 수도승 같던 전철 안 풍경, 아! 소름이 돋는다. 전철이 멈추면 승객이 다 내릴 때까지 줄을 서서 기다리고, 전철 안에서 이야기하는 사람은 우리 일행뿐이다. 어디를 가나 깨끗하고 평온하다. 좁은 길에 자그마한 자가용, 아담한 집이 눈길을 끈다.

# 아버지가 남기신 발자국

다큐멘터리 프로그램을 시청하였다. 1970년 중간까지 세상에 알려지지 않은 히말라야에 있는 오지 마을로, 좁은 산기슭에 흙벽돌로 집을 짓고 밭농사를 지으며 대대로 살고 있다.

겨울은 영하 30도쯤 내려간다. 아이들은 땔감을 구하러 다니거나 양지쪽에 올망졸망 모여 놀이에 열중하고 있다. 장갑이 없으니, 손등이 터져 피가 나고 누런 코가 들락거린다. 겨우 끼니를 해결하며 살기 때문에, 도시에 나가 공부해 직장을 구해야만 마을을 벗어날 수 있다.

도움을 주는 분들 덕분에 도시에 있는 람돈스쿨에서 공부하다가, 겨울 방학이면 집으로 돌아와 두 달을 보낸다. 방학을 끝낸 학생과 입학생까지, 열 명의 아이와 여섯 명의 아버지가 함께 학교로 향한다. 열흘쯤 걸어서 가는 길이라 천막과 책, 옷, 먹을 양식까지 아버지가 진 짐은 아이 키보다 높다.

얼음이 깔려있고 발목까지 눈이 푹푹 빠지는 바위산을 기어 넘는다. 영하 30도 추위에 강의 가장자리는 얼어도 물살이 빠른 중간은 얼지 않는다. 비탈길을 돌지 않고 거리를 단축하려고 강 가장자리 얼음 위로 걷는다. 가끔 강을 건너다 빠져 실종되는 사고가 일어난다.

일행 중 가장 젊은 아버지가 맨 앞에 서서 작대기로 두드리며 발을 떼에 놓으면 거리를 두고 앞사람 발자국을 짚으며 강을 건넌다. 가끔 수위가 높아져 얼음 위로 물이 흘러 허벅지까지 물이 찬다. 아버지들은 하의를 벗어 지게에 묶고 맨살로 강을 건너 짐을 놓고 돌아와 아이를 업고 또 건너간다. 다리와 발이 빨갛게 얼었다.

펑펑 쏟아지는 눈을 맞으며 걷고, 얼음 위에 천막을 치고 입김이 허옇게 나오는 텐트 안에서 칼잠을 자야 한다. 지게를 벗어 썰매처럼 끌고 앞사람의 발자국을 따라 걷는 모습은 거룩한 순례 행렬이다.

도시에 나가 취직하고 결혼해도 거리가 멀고 길이 험해 집에 오기 힘들다. 입학식을 끝내고 돌아서는 아버지의 눈에서 닭똥 같은 눈물이 뚝뚝 떨어진다. 속담에 '자식은 평생 아비의 진짜 마음을 모른다.' 하는 말이 있다. 자식 앞에서 눈물조차 흘릴 수 없는 아버지는 자식이 건강한 모습으로 돌아오기를 바라며 생필품을 장만해 다시 그 길로 돌아간다. 눈 위에는 아버지가 짊어진 삶의 무게에 눌린 발자국이 화인처럼 찍혀있다.

대를 이어 농사를 짓고 가족을 지키며 가장의 본분을 다하는 아버지 모습에 가슴이 무겁다. 자식을 사랑하고 희생하는 모습이 내 아버지라고 다르겠나! 방앗간 기계가 고장 나면 무거운 쇳덩이를 짊어지고 서울로 수리하러 가셨다. 기계를 고치는 동안 거리에서 파는 해적판 책과 딸들의 옷을 사셨다. 시골장에는 책방이 없고, 팔지 않는 옷이다.

딸의 해산 기운이 비치자, 십 리가 넘는 길을, 자전거를 타고 산파를 데리러 가셨다. 산파가 출장 중이라 점심을 굶은 채 너덧 시간을 기다리다가 산파를 자전거 뒷자리에 태우고 오셨다. 평생 큰 소리치거나 회초리를 든 적 없어도, “아버지 아실라”, “누나, 아버지께 이를 거야” 하면 하던 일을 멈추고 뒷수습하기에 바빴다. 아버지의 자식 사랑은 끝이 없다.

한동안 아름다운 가게에서 일했다. 대학교와 아름다운 가게는 MOU 체결로 봉사 시간을 채우면 1학점을 주는 제도가 있다. 봉사 학생들을 관리하는 게 여간 힘든 일이 아니다. 엄마가 자가용으로 데려다주고 일이 끝나면 데리러 온다. 봉사 시간 기록이 잘못되었다고 서류를 들고 온 것도 어머니였다.

학생이 안 보여 찾으면 구석에 앉아 핸드폰을 보고 있다. 자신이 맡은 일만 하고 시간이 남아도 옆에 있는 친구를 도와주지 않는다. 오전과 오후로 나누어서 4시간씩 봉사하는데, 중간에 보이지 않아서 찾으니 봉사 시간이 찼다고 말없이 갔단다. 학점을 따려고 봉사하니 일이 귀찮고 힘들기도 하겠다. 이런 학생들이 사회인이 되면 어떻게 살지 걱정이 앞선다.

청소년들에게 다큐멘터리 프로그램을 통해 아버지의 사랑과 헌신을 보여주었으면 좋을 듯싶다. 동생에게 공부를 가르쳐주고, 손을 잡고 바위산을 넘고 정을 나누는 모습이 우리 아이들과 다르다. 우리 아이들은 호강하고 커서 배려심이 없고, 더러운 것, 힘든 것을 참지 못한다.

빨갛게 언 발이 눈 위에 남긴 아버지 발자국이 가슴에 남아있다. 아버지가 그립다. 아버지가 살아 계시면 좋아하시던 술과 회 한 접시 들고 달려갈 텐데. 눈물이 비집고 올라온다.

# 어머니가 뵙고 싶은 날

꽃샘추위가 맵싸하게 부는 날, 자라같이 목을 움츠리고 양로원으로 향했다. 가파른 언덕을 올라 숨이 턱에 닿을 때면 딸을 만나듯 손을 덥석 잡고 반가워하시는 할머니와 인사를 나눈다. 천사같이 밝으신 수녀님 모습과 착한 아이같이 맑게 웃으시는 어르신을 뵈면 내 마음이 따뜻해진다.

나이가 들면 누구나 비슷한 모습으로 변하는 것 같다. 치매에 걸려 종일 밥 달라고 하시는 분, 계속해서 꾸벅꾸벅 졸고 계시는 분, 다리가 퉁퉁 부어도 종일 돌아다니시는 분, 허리가 굽어 땅에 붙었고 팔과 다리, 어느 한 곳도 성한 데가 없는 분들….

내 어머니를 대하듯 한 분씩 손을 잡아보고 앙상한 어깨를 꼭꼭 주물러 드린다. 처음에는 낯가림이 심해도 정이 들면 친딸처럼 사랑해 주신다.

처음에는 양로원 봉사가 적응하기 힘들지만, 시간이 가면서 정이 들고 기다리시는 분이 계셔서 마음이 급해진다. 휠체어 밀어드리기,

식사 수발, 양치질, 청소, 주방일 거들기, 할머니와 말벗하기 등등 양로원에서 봉사자들이 할 일은 끝이 없다.

목욕 봉사가 가장 힘들다. 몸 여기저기 아픈데, 씻기고 옷을 갈아입히니 귀찮아하신다. 비누칠하고, 아기 다루듯 살살 문질러도 아프다. 짜증 내거나 꼬집었다고 소리 지르며 대야를 벌컥 밀쳐 물벼락을 맞으면 당황할 때가 있다. 근육이 빠지고 뼈만 남았으니 조금만 힘을 주어도 멍이 들고 아프다. 두 사람 씻기고 나면 힘이 쭉 빠져도 새 옷을 갈아입고 개운하다며 활짝 웃으시는 분을 뵈면 내 마음도 밝아져 드라이로 머리 말리는 일이 쉽다.

휠체어를 밀고 산책하면, 계절 따라 바뀌는 나무 한 그루, 길섶에 핀 들꽃에도 관심을 보이며 아이같이 좋아하시다가 갑자기 팔뚝을 꼬집으며 "요년, 시어미 굶기고 어딜 싸돌아다녀." "이년아, 천벌 받아" 어디서 힘이 나는지, 옷이고 팔이고 잡아챈다. 치매 환자인데 어쩌겠나. "할머니 며느리가 밥 안 줘?" "나쁜 년이네." "혼내줘야지." 같이 욕하면 화가 금방 풀리신다.

사람 사는 곳은 어디나 마찬가지지만 유난히 정이 많으신 분이, 계신다. 간식 시간에 받은 사탕이나 과자를 주머니에 넣고 계시다가 꺼내 주신다. 과자는 눅눅하고 부서졌으며, 사탕이 녹아 껍질 벗기기 힘들어도 입에 넣어주시면 어머니 생각이 난다. 식구들 안부를 챙겨주실 때마다 내가 도움을 드렸다기보다는 분에 넘치는 사랑을 받고 있다는 생각이 든다. "얼른 죽지 않고 왜 이렇게 명이 길어서, 여러 사람 고생시키나." 하시며 눈물까지 글썽이시는 모습을 뵈면 뜨거운 것이 자꾸만 목젖을 치밀어 온다.

40년 전 돌아가신 내 어머니도 중풍으로 5년이나 고생하셨다. "아이 셋을 데리고 먼 길 오기 힘들 테니 내가 건강을 찾아 생일상을 차려 먹을 수 있을 때나 오라" 하셨다. 두 분만 살아 절간같이 조용하던 집에 세 아이가 뛰니 좀 정신이 없겠나. 아이들을 귀찮아하시는 것 같아서 여간 섭섭하지 않았다.

병이 깊어져서 막내딸이 어머니 병구완하러 사표를 내고 돌아왔다. 귀가 얇아진 어머니를 위해, 쌀과 연탄 직매장 하는 사위는 많은 도움을 주었다. 어머니의 잔소리에 몇 년 새 십 년쯤 더 늙어버린 아버지와 혼기가 지나도 집을 벗어 나지 못하는 바싹 마른 동생이 불쌍해 어머니가 미웠다.

세상천지 볼 것도 많은데 자식들 공부시키느라 여행 한 번 못했다고 원망하시기에 병이 나으면 좋은 옷도 사드리고 여행도 시켜드리겠다고 약속했는데 갑자기 돌아가셨다. 내 어머니가 그렇게 쉽게 돌아가시리란 생각은 한 번도 해본 적이 없었다.

돌아가시고 나니 명치끝에 걸린 일이 한둘이 아니다. 그때는 철도 없었고 내 사는 일에만 바빴다. 앓아누워 계시는 동안 머리 한 번 감겨드리지 못한 것이 두고두고 한이 되어 가슴에 쌓여 있다.

철이 없어 어머니께 하지 못한 효도를 양로원에 계신 할머니께 밥을 먹여드리고, 몸을 씻기고, 휠체어 밀고, 산책하며 용서를 빌고 있다.

할머니 손끝에 묻어나는 따뜻한 온기가 어머니같이 든든한 버팀목이 된다. 하늘에 계신 어머니가 활짝 웃으신다.

# 리베로를 응원한다

운동경기 중계방송을 보는 것은 삶에 활력소가 된다. 젊은이들의 힘찬 응원의 함성에 힘이 솟는다. 배구 경기의 정기리그가 끝나고, 우승 트로피를 들고 환호하는 선수들 가운데 MVP를 차지한 일본인 모마가 돋보였다. 특별히 잘하는 운동이 없으니 가끔 씨름, 배구, 야구 중계를 보며 시간을 보낸다.

야구선수 중, 투수 니피트는 외국인 최초 100승, 탈삼진 1,000개를 달성한 선수다. 7년 동안 한국에서 뛰다 은퇴하는 순간, "양의지, 무슨 말이 필요한가. 너와 호흡을 맞춘 것이 나에겐 행운이었다. 정말 고마워." 하며 눈물을 뚝뚝 떨구어 감동을 주었다.

무심히 돌린 채널에서 배구 경기를 중계하고 있었다. 야구 경기만 보다가 배구에 맛을 들이는 순간이다. 팀플레이가 중요한 멋진 배구 경기는 각본 없는 드라마다. 네트를 가운데 두고 겨루면서 공을 세 번 안에 상대코드에 넘겨야 한다. 몸이 닿지 않아 몸싸움이 필요 없다. 번개 같은 속공이 허를 찌를 때, 강스파이크가 내려꽂히는 순간 온몸에 짜릿하게 전율이 일었다. 배구는 작렬하는 불꽃 스파이크와 두 손을 쭉 뻗으며 로켓처럼 날아오르는 블로킹, 먹이를 낚아채는 매같이 내려꽂히는 서브가 매력이다. 응원할 편이 없으니, 심판의 손이 올라가는 쪽에 박수를 보내며 배구 중계방송을 보았다.

공을 앞에 놓고 선수끼리 욕심을 내지 않고 서로의 마음을 나누고 튕겨 나가는 공을 받기 위해 관중석까지 최선을 다해 돌진하는 모습이 인상적이다. 외국인 선수가 뛰어오르며 강서브를 넣을 때는 겁이 나서 눈을 감아버렸다. 메가와 빅토리아, 아란마레 같은 능력이 뛰어난 외국인 선수가 있어 국내의 선수들 기량이 높아지고 더 재미있다.

공을 가지고 노는 메가, 강한 체력과 팀을 이끌어가는 재능, 높게 뛰어올라 상대방의 코트를 휘젓는다. 얼굴만 남겨 놓고 머리부터 발끝까지 덮은 유니폼을 입어서 불편할 텐데 항상 웃는 얼굴이 예쁘다.

처음에는 찌릿하게 내려꽂히는 강스파이크에 환호했는데 시간이 지날수록 같은 팀이면서 다른 색 유니폼을 입고 중앙에서 온 몸을 던져 공을 살려내는 리베로에게 눈이 갔다. 배구 선수들의 키는 늘씬한데 리베로는 신장이 작고 어깨가 떡 벌어진 수비 전문 선수다. 블로킹이나 스파이크와 연결되어야 득점 하기 쉬운데 리베로는 후의 지역에서만 뛸 수 있고 서브와 블로킹을 할 수 없으니 개인 득점에서도 불이익을 당한다. 하지만, 잔치국수의 고명같이 팀을 살려내는 귀한 존재다.

리베로가 잘 받아 낸 공은 바로 득점과 연결이 될 수 있다. 빈틈을 노리고 내리꽂히는 상대의 강스파이크가 떨어지기 직전 온 몸을 던져 회생시키는 리베로가 있어 전세가 역전된다. 리베로는 활력소가 되고 게임을 풀어나가는 열쇠다. 배구 경기는 서브가 바뀌고 점수가 엎치락뒤치락할 때 손에 땀이 난다.

뜻을 같이하는 사람들의 모임에도 리베로가 있다. 원활한 모임과 발전을 위해 임원을 선출할 때, 회장을 하려는 사람은 있어도 총무 구하기는 힘들다. 낯이 나지는 않지만, 회장보다 더 많은 일을 하는 총무야말로 훌륭한 리베로다. 총무는 사회성이 좋아야 하고, 사리 판단이 분명하며 꼼꼼해야 한다. 주장을 내세우기보다는 회원들의 말을 듣는 편이며 모든 연락을 책임지고 행사를 준비하고 마무리까지 깔끔하게 해야 하는 자리다. 임원이나 회원의 중간에서 깍두기처럼 운영 묘를 살리면 모임은 돈독해지고 발전한다.

온몸으로 팀을 구하고 나아가 운동경기에 재미를 더해 주는 리베로 같은 사람은 사회생활에서도 꼭 필요한 존재다. 카메라의 스포트라이트를 받지 않으면 어떤가! 주어진 책임을 완수하여 팀의 승리만 가져올 수 있다면 중앙을 지킨 보람이 있지 않은가. 강하게 들어오는 공을 받기 위해 바닥에 얼굴을 찧으며 넘어지는 리베로를 위하여 힘찬 박수를 보냈다. 실수를 저질러도 서로 격려하고 협력하는 모습은 증오와 비판만 하는 한국 사회에 경종을 울리는 죽비 소리다.

# 은행나무야 어쩌란 말이냐

넓고 반듯한 밭에 은행나무가 빽빽하다. 속씨식물 은행나무는 고생대부터 자란 살아있는 화석으로 목, 과, 속, 종이 하나다. 생김이 은빛(銀) 나는 살구(杏)씨 같다. 하여 은행이라 부른다.

수명이 길고 병충해에 강해 마을의 정자나무나 보호수가 많다. 한때는 은행나무가 가로수로 대우받던 때도 있었는데 은행나무 꽃가루가 알레르기를 일으키고 열매가 떨어져 밟히면서 악취가 난다는 이유로 벚나무로 바뀌고 있다.

예전에는 남의 농토를 빌려 농사짓는 사람이 있었지만, 농촌에 노약자만 있어 농사지을 사람이 없다. 땅을 사서 두면 손해 보는 일이 없다는 생각과 노후를 위해 미리 준비해서 주말에 농사를 짓는다. 하지만, 경험이 부족한 사람들이 때에 맞게 농사짓기가 그리 쉬운가.

가꾸지 않아서 잡초가 무성하거나 묘목이 심어 있는 밭은 외지인 소유가 많다. 농사를 짓지 않는 외지인 땅은 투기를 막기 위해서 양도소득세를 물리거나 강제 처분하도록 법으로 규정하고 있다. 법을 피하며 농사짓기는 힘들어, 또는 밭작물보다는 이익을 많이 남길 수 있다는 경제 논리에 묘목을 심었을 것이다. 묘목을 키울 때는 중간중간 솎아 주고 전지를 해야 나무가 균형이 잡혀 상품 가치가 있다.

해가 비치지 않을 만큼 빽빽한 것을 보니 묘목 팔 시기를 놓쳤나 보다. 사람이 들어설 틈도 없이 키만 컸으니, 목재나 열매의 이익을 기대할 수 없다. 밭에 농작물을 심으려면 은행나무를 베어내고 뿌리까지 캐내야 하니 그것도 만만치는 않을 것이다. 묘목도 어렸을 때 상품 가치가 있지, 크면 운송하고 심는 비용이 늘며 생존율이 떨어진다. 큰 나무를 파낸 자리는 흙으로 메우는 일도 만만치 않다. 도로변의 기름진 땅에 빽빽한 은행나무를 보니 버려지고 있는 것 같아 그 앞을 지날 때마다 안타깝다.

조그만 밭을 사서 운동 삼아 농사를 지으며 무공해 먹거리를 아이들과 나누어 먹을 욕심으로 밭을 샀다. 밭에는 3년 정도 된 반송이 60여 그루가 심어 있었다. 반송이 유행하던 때라 1~2년 정도 더 키우면 상품 가치가 있다는 말에 봄마다 전지가위를 들고 손바닥에 물집이 잡히도록 다듬고 거름을 주었다.

나무는 쑥쑥 자라 서로 닿아 가지를 뻗지 못하니 중간에 작은 나무는 베어버려야 했다. 몇 년 더 키웠는데 반송의 인기가 떨어지고 인건비와 포클레인 사용료가 올라서 수지가 맞지 않는다, 하였다. 전원주택을 지은 사람이 있어서 주겠다 해도 세 그루를 옮기는 비용이 더 들어서 못 옮겨 갔다. 공짜로 준다고 해도 가져가는 사람이 없고 나무를 파낸 자리에 흙을 메우는 비용도 만만치 않았다. 자꾸 자라서 상품 가치가 없고 남쪽으로 가지를 뻗어 농작물까지 침범하니 키운 공이 아까워도 베어서 쌓아 놓아야 했다.

모든 일에는 적당한 시기가 있고 순서가 있다. 사람의 삶이라고 다르겠는가? 인성은 하루아침에 바뀌지 않는다. 소년원에서 청소년을 대하며 느낀 것은 전혀 죄를 짓지 않을 것같이 잘생기고 착하다. 아이를 바르게 키우지 못한 어른들의 잘못이다. 대부분 부모의 사망과 이혼으로 관심과 사랑을 받지 못했다.

불만이 많고 피해의식이 잠재되어 있어 순간을 참지 못해 죄를 저지른다. 공부에 전념할 때 시간을 낭비하거나 직장에 충실하지 못하면 나이 들어 후회하게 된다는 사실을 깨닫지 못해 재범률이 높다.

용문사 은행나무의 나이는 1,100살이라는데, 은행나무의 잣대로 재면 사람의 생은 찰나에 지나지 않으나, 천년만년 살 것같이 욕심내고, 집착하고, 다툼이 일어나니 실소를 금할 수 없을 것이다. 나이가 들었다고, 재주가 없다고, 환경이 열악하다고 탓하지는 말아야 한다.

메이저리그에 진출한 대한민국 최고의 타자 이대호는 "선발 명단에 빠지면 나도 경기에 나가 공을 치고 싶어 화가 나고 자존심이 상한다. 하지만 승리를 위해서는 팀에 필요한 선수가 출전하는 게 당연하다. 더 노력해야 한다는 생각이 들어 운동장에 나가 지치도록 야구 방망이를 휘두른다." 하였다.

물도 흙탕물에 씻기는 자기 성찰의 시간이 지나면 맑은 물로, 태어나듯이 독자의 마음에 감동을 줄 수 있는 수필을 쓰기 위해서는 나를 담금질하는 시간이 필요하다. 기름진 밭에서 쑥쑥 자랐건만 처치 곤란한 은행나무나 떨어져도 열매를 줍지 않아 버려지는 은행알 같은 처지는 되지 말아야겠다.

# 일본을 배우자

운 좋게 대학원생들의 일본탐방팀에 끼게 되었다. 부산까지 학교 버스로 가서 배를 탔다. 말로만 듣던 사찰, 교토대학과 윤동주 시비, 하루는 자유여행으로 전철을 타고 시장과 백화점까지…. 한 달 전부터 설레는 가슴을 안고 일본 여행기를 찾으며 공부하였다.

일본대학과 시장, 골목길까지 몸으로 체험하려니 시간을 아끼기 위하여 점심은 버스 안에서 도시락을 먹으며 강행군하였다. 도시락을 여니 흰 쌀밥 한가운데 크고 붉은 매실이 단정하게 있고, 반찬은 화려한 색으로 오밀조밀 꾸려 놓아 젓갈을 대기가 아까웠다. 밥 가운데 빨갛게 놓인 매실은 일장기를 재현해 놓은 것이라 하니 놀랍다.

이름이 알려진 교수님 댁을 방문하게 되었다. 아기자기하게 꾸며 놓은 정원과 거실의 구석구석은 주인의 품격이 배어있다. 4대째 내려온 가보라며 그림이 들어 있는 병풍을 펴는데 흰 장갑을 끼고 무릎을 꿇은 상태로 정성을 다해서 포장지를 푸는 모습에 숨이 멎는 듯하였다.

거실 한쪽 벽면은 다구로 가득하다. 차 모임은 계절, 날씨, 손님의 취향에 맞게 꽃장식을 꾸미는 것이 예의며, 차의 세계도 궁합이 있어 계절에 맞게 다구와 찻잔, 차를 사용한단다. 지진과 전쟁이 잦아서인지 오늘 맺은 인연이 내 생에 마지막일지 모르기에 정성을 다한다고 한다. 차 예절을 모르니 불편한 자세로 앉아 그분의 조상 이야기를 들으며 차를 마시는 시간이 내게는 벌을 서는 것같이 힘들었다.

그들은 패망해 쫓겨 가면서도 다시 돌아오겠다고 하지 않았던가. 일본은 이웃 나라지만 가장 불편한 나라다. 도요토미 히데요시는 가난한 농부의 아들로 쇼군이 될 수 없었다. 그는 불만 세력을 제거하고 모반의 불안을 잊기 위하여 전쟁을 일으켰다. 8살인 아들에게 '20일 만에 한성을 점령하고 평양까지 진격하였다. 중국은 물론 인도까지 점령하여 인도에 천황궁을 지어 네가 살게 하겠다.' 하는 편지를 띄웠다. 그 후 일본은 임진왜란이 끝난 200여 년이 지난 후 세계 제2차 대전에 참전해 인도까지 점령하였다.

오늘날 일본은 힘의 원리만을 믿어 기회가 날 때마다 수상이 보란 듯이 전범들의 위패를 모신 신사를 참배하고, 우익 단체들은 독도를 자기네 땅이라 우기며 농락한다.

일본은 6.25전쟁 때, 우리나라 덕을 보았다. 이승만 대통령은 현금으로 원조해 줄 것을 미국에 강력히 요구했으나, 원자폭탄 투하를 부담스러워하던 미국은 본토보다 시간이 절약되고, 운송비용이 적게

든다는 이유로 전쟁물자와 의약품 생산기지를 일본에 두어, 원자폭탄 투하로 폐허가 되었던 일본은 다시 일어설 기회를 얻었다.

좁은 길에서 잘못 들어온 버스가 돌아 나갈 때까지 조용히 기다려 주는 인내심. 얄밉도록 친절한 쇼핑센터 점원. 수도승 같던 전철 안 풍경, 아! 소름이 돋는다. 전철이 멈추면 승객이 다 내릴 때까지 줄을 서서 기다리고, 전철 안에서 이야기하는 사람은 우리 일행뿐이다. 어디를 가나 깨끗하고 평온하다. 좁은 길에 자그마한 자가용, 아담한 집이 눈길을 끈다.

이상하게 국제 경기에서 일본과 대결은 승부 욕심이 일어나고 승리하였을 때는 그 잔상이 오래 남는다. 정치권은 난데없이 죽창가 타령을 하고 토착 왜구니, 친일이니 하며 편을 가르지만, 좋은 점은 배워야 발전할 수 있다. 매실과 함께 붉게 물든 밥까지 푹 떠서 쓰레기통에 던져 버렸지만, 일본을 배워야 한다는 생각이 강하게 솟구쳤다.

외국에 나가면 모두가 애국자라더니 일본 하늘에 펄럭이는 태극기를 본 순간 가슴이 뭉클했다. 나는 나라 사랑을 얼마만큼 실천하고 있는가? 태극기를 바르게 그리지 못하는 자신이 부끄럽다.

# 기다림의 미학

약속 시각이 아직 5분이나 남았는데 그새를 못 참고 "어디쯤이야?" 전화로 묻는다. 이럴 때는 핸드폰의 노예가 된 것 같아 귀찮다. 공공장소에서 시도 때도 없이 울리는 다양한 벨소리. 큰소리로 하는 통화는 본의 아니게 옆 사람의 통화 내용을 듣게 되어 민망할 때가 있다. 가끔 핸드폰 없이 기다림을 즐기던 옛날이 그리워진다.

보리차가 설설 끓는 다방에 앉아 몸을 녹이며 희망곡을 신청해 듣고 성냥개비로 탑을 쌓으며 온몸으로 기다렸다. 상대가 늦어도 온다는 믿음이 있고, 내가 늦어도 기다려 줄 거라는 믿음이 있었다. 남자가 조금 기다려 주는 것이 매력이라고 착각할 때도 있었다. 기다리다 지쳐갈 때 나타난 순간 눈물이 핑 돌았다. 약속을 못 지킬 일이 발생하거나 길이 어긋나면 또박또박 쓴 메모지를 접어 벽면에 꽂아 놓았다.

공중전화 부스 앞에서 앞사람의 긴 통화에 조바심을 냈고, 뒤에서 기다리는 사람 눈치가 보여 아쉽게 수화기를 놓고 돌아서면 허전하였다. “딸각” 동전 떨어지는 소리에 가슴이 조이고 못다 한 말을 잇기 위해, 한 움큼 바꾼 동전을 계속 넣어야 했다. 앞사람이 끊지 않고 수화기를 부스에 얹어 놓고 가면 동전을 아낄 수 있어 횡재한 기분이었다.

밤새 써서 부친, 편지의 답장이 올 때쯤이면 목을 빼고 우체부가 오기를 기다렸다. 아날로그 시대에 살던 우리는 그런 일이 다반사였다. 빠르게 변하는 세상 탓도 있지만 핸드폰이 해결해 주니 참을성이 줄어든 게 분명하다. 빠르게 떠오르는 생각을 거침없이 표현해 얻는 쾌감에 익숙해졌다. 편지라면 몇 번쯤 읽고 고쳐 쓰지만, 핸드폰은 손가락으로 꾹꾹 눌러 단톡방에 올리면 순식간에 하나로 묶이고, 숨 돌릴 틈 없이 정보와 의견을 나눌 수 있다.

핸드폰에 있는 카메라 성능도 좋아서 힘들이지 않고 사진을 찍어 바로 전송한다. 깊이 생각할 틈 없이 전송했으니, 때로는 오타가 나거나 이해심 부족으로 오해를 사기도 한다.

모든 정보는 핸드폰에 다 들어 있다. 간혹 잘못된 정보가 있고, 쉽게 얻은 정보는 쉽게 잊히는 단점이 있다. 역사 공부를 많이 하는 편인데 예전에는 두꺼운 역사 사전을 펴 놓고 깨알 같은 글씨 속에서 찾았다. 많은 시간이 필요하고 불편하지만, 그 정보는 오랫동안 기억에 저장되어 있다. 편리함에 익숙해져 핸드폰에 의존하니, 쉽게 잊힌다. 기다리는 설렘과 따뜻한 정이 부족하다.

기다림은 허물을 벗는 곤충이나 동물에게도 필요하다. 바닷가재는 여러 차례 허물을 벗으며 성장한다. 상처나 떨어진 다리, 수염

등은 허물을 벗을 때 본래의 모습으로 소생한다. 머리부터 꼬리까지 딱딱한 등껍질이 갈라지며 감쪽같이 빠져나온다. 허물을 벗은 가제는 껍질이 약해 단단하게 굳을 때까지 모든 활동을 접고 돌 틈이나 깊은 굴속에 은둔해 죽은 듯이 기다려야 한다. 껍질이 굳기 전에 활동하면 먹잇감이 되거나 생명을 잃기 쉽다.

씨를 심고 싹이 나오지 않아 기다리다 못해 파보면 흰 실뿌리가 있다. 씨앗은 제힘으로 버틸 만한 뿌리를 내린 후 땅 위로 싹을 올린다. 식물도 조급증을 버리고 비바람에 맞설 만한 힘이 갖춰질 때까지 기다리는 중이다.

과일이나 곡식은 성장하는 시기가 있고 수확할 시기가 있다. 발효식품은 숙성할 때까지 기다림이 필요하다. 익어간다는 것은 열매나 낱알이 여문다는 뜻이 있지만, 맛이 든다는 뜻과 세상 이치를 깨닫는다는 뜻도 담겨 있다.

속도의 시대를 살아가는 현대인에게 기다림이란 어쩌면 시간 낭비라 하겠지만, 자기 수양의 시간이기도 하다. 너무 오래 생각하는 것은 결정 장애지만, 성급한 판단이나 행동으로 손해를 보거나 돌이킬 수 없는 일이 벌어질 수 있다. 급한 성격은 손해를 볼 때가 많다.

호모사피엔스가 호모 포노 사피엔스로 변하고 있다. 세상의 이치를 터득할 때까지 단순하고 가볍게 사는 것도 복잡한 현대사회를 살아가는 지혜란 생각이 든다. 재촉 전화를 받고도 시계를 보며 느리게 발걸음을 떼어 놓고 있다.

# 꽃 중의 꽃 모란

국립춘천박물관 개관 20주년 기념으로 모란전이 열리고 있다. 모란은 화려하고 기품 있어 꽃 중의 왕이다. 주로 약재로 쓰였지만, 당대 이후부터 시와 그림의 소재로 자주 등장했다. 임원경제지에는 327종 모란이 소개되어 있다.

당파전쟁이 심했던 시기에는 문인들이 꽃 가꾸는 취미가 유행하였다. 구덩이를 깊게 판 후 발열재로 퇴비를 넣고 흙을 덮은 후 기둥을 세우고, 기름먹인 한지로 창틀을 겹으로 만들어 보온하거나 아예 구들을 놓은 후 흙을 덮어 파초를 키우기도 하였다. 이때부터 모란은 귀족의 전유물에서 벗어나서 대중화되었다.

모란은 불교 미술, 도자기, 복식, 가구 장식, 사원 건축 등 많은 영역에 들어있다. 영원함을 상징하는 괴석과 나비가 함께 있으면 장수와 평안(平安)을 상징한다. 국장 때 신주를 능에서 혼전으로 모실 때와 신주가 머무는 모든 공간은 물론, 선왕의 삼년상을 치른 후 신주를 종묘로 모실 때 사용한 가마도 사방이 모란문으로 새겨

넣었다.

영친왕 비가 혼례 때 입은 화려한 활옷과 대요가 전시되어 있어 박물관 안이 환하다. 활옷은 조선 공주와 옹주가 입던 예복으로 다홍 비단에 청색 비단 안 감을 넣고 모란과 봉황, 파도, 연꽃, 나비를 수놓고 소매에는 황, 청, 다홍색 색동과 한삼을 달았다.

대요는, 황실 최고 신분 여성이 혼례, 책봉 등 국가 행사 때 착용하는 예복인 적의를 입을 때, 대수 머리를 장식하는 띠다. 모란 무늬를 짜 넣은 비단 머리띠 위에 홍파리와 비취, 산호, 진주를 장식해 화려하다. 모란을 수놓아 자손 번창과 행복을 기원한 진주선, 방석, 댕기, 모란 병풍이 함께 있다.

영친왕은 고종황제와 엄귀비 사이에서 태어난 고종의 7남으로 일본에서 일본식 교육을 철저하게 받고 일본 육군대학을 졸업해 일본군 장교로 근무하였다. 일본과 한국 두 왕실의 장래를 위하여 결합할 필요가 있다는 데라우치 마사다케 원수 주장에 의해서 세자빈으로 간택된 민갑완의 딸과 파혼하고, 일본 황족인 나시모토노미야 마사코와 결혼하였다.

영친왕 비(이방자)는 활달한 성격으로 연극을 좋아했고 비행사를 꿈꾸며, 황족이 배우는 교양과목과 피아노, 일본 전통 악기인 와카, 프랑스어를 배웠다.

영친왕과 결혼 후, 가정교사를 두어 조선의 역사와 문화를 공부하였다. 7개월 된 아들 진을 데리고 조선을 방문해 보름간 머무르다가 떠나기 전날 진이 사망해 숭인원에 묻혔다.

세계 제2차 대전 종전 후 왕가의 지위가 폐지되고 왕실 재산이 몰수돼 힘든 시기를 보냈다. 이승만 정권은 한국 국적을 인정해 주지 않고 귀국을 거부하였다.

박정희 정부가 1963년 낙선재로 모셨다. 칠보공예를 배워 수익금으로 1970년, 수원의 장애인 학교인 자혜학교, 1982년, 광명에 명혜학교를 세우고 장애아동 봉사에 전념하셨다. 자식을 잃은 곳이기에 오고 싶지 않았겠지만, 왕비의 품위를 유지하며 창덕궁 낙선재에서 생을 마쳤다. 귀국 후 한 번도 일본에 가지 않았다고 전한다.

모란특별전에 나온 도자기나 병풍, 그림, 족자, 수공예품, 자수, 가구 등 많은 전시물은 자주 보아서인지 영친왕 비가 혼례 때 입은 활옷과 대요, 덕혜옹주의 어렸을 때 입은 옷에 눈길이 오래 머문다.

궁에 머무르는 보름 동안 저 활옷을 입고 혼례를 올리고 왕실 법을 따르느라 얼마나 힘들었을까? 평민이었다면 보통 삶이었을 텐데 황족이라 희생이 따랐다. 지아비를 떠나보내고 혼자 낙선재에서 병중인 덕혜옹주와 같이 생활하는 동안 얼마나 외로웠을까? 한때의 부귀영화가 덧없음을 보여주고 있다.

오색보석이 꽃으로 피어 눈길을 사로잡는 대요가 왠지 슬퍼 보인다. 나라를 잃으면 한 여인의 가련한 삶으로 그치지 않는다는 교훈을 보여주고 있다.

# 배려도 상대를 생각해야 한다

여자 셋이 만나 수다를 떨면 접시가 뒤집혀 진다지만, 때로는 삶의 활력소가 된다. 찐 고구마를 놓고 여자 셋이 앉아서 한 시간이 넘게 웃고, 한숨을 쉬기도 하였다. 어제 마른 고추를 들고 방앗간에 갔던 이야기가 시초가 되었다.

새댁이 콩설기를 해달라며 함지를 내려놓았는데 불린 쌀과 콩이 한데 섞여 있지 않은가! 쌀을 빻아 가루를 만든 후 콩을 섞어야 콩설기가 된다는 말에 바쁘신 것 같아 도와드리려고 했단다. 일손을 돕기는커녕 더 힘들게 만들었다. 고추를 빻고 기름을 짜려고 기다리는 분들이 달려들어 순식간에 콩을 골라내서 콩설기를 쪘다.

배려도 결과가 좋아야 도움이 된다는 말에, 시어머니가 오시면 집안일을 돕고 싶으셨는지 흰옷과 검은 옷, 드라이클리닝을 해야 하는 옷까지 함께 세탁기에 넣고 돌려 옷이 망가졌고, 설거지 한 그릇은 기름기가 남아서 손에 달라붙어 난감하니 가만히 계시는 게 도와주는 것이란다.

나도 회원들과 문배마을을 갔을 때 장애인의 보호자가 되어 고생한 적이 있다. 걷는 게 힘에 부치거나 몸이 불편한 사람은 식당에서 제공하는 차를 이용하는데, 장애인 한 분은 고집을 피우며 걷기에 나섰다.

그분은 3.1절 경축 마라톤 대회에도 참가할 만큼 열정을 가진 분이다. 아들과 사위를 양옆에 세우고 달리는 모습에서 모두 머리를 저었다. 마라톤 대회는 차도를 통과하는 시간이 있다. 시간이 지났으니, 인도로 달리면 좋으련만 남의 눈치 안 보고 차도로 달린다. 차량 통행금지 시간이 풀려서 꼬리를 물고 있는 차들은 얼마나 난감하겠나!

산길은 오르기보다 내려가는 길이 몸의 균형을 잡기 힘들어 더 어렵다. 행사를 마치고 차로 내려가라 했지만, 그분의 고집을 꺾지 못했다. 회원 중 누가 그에게 도움을 주겠나!. 내 손에 매달려 산길을 내려왔다. 체중이 자꾸 내게 쏠리니 다리가 후들거리고 손목이 늘어나 한동안 물리치료를 받았다.

며칠 전에 한 사람이 겨우 지나갈 만한 등산로에서 장애인을 만났다. 젊은 나이인데, 오른팔을 가슴에 얹고 왼손으로 스틱을 잡고 힘겹게 발을 떼어 놓으며 산을 오르고 있다. 오른손이 성하면 밧줄을 잡고 산을 오르기가 훨씬 쉬울 텐데. 스틱을 잡은 손으로 연실 땀을 닦는 모습이 안타깝다. 장애인 봉사를 많이 해서 어눌한 발음도 알아듣고, 눈빛만으로도 의중을 짐작할 수 있다고 생각했다.

산을 오르던 그분은 뒤에서 나는 인기척을 들었는지 한쪽으로 비켜서 땀을 닦으며 먼저 가란다. 좁은 길에서 몸이 불편한 사람을 밀치며 지나는 일도 편치 않다. 주저앉기라도 하면 도움이 필요하지 않겠는가! "바쁘지 않습니다." 비탈길을 내려가는 모습이 불안해 신경을 안 쓰는 척 이끼와 꽃 사진을 찍으면서 자기 페이스를 유지하게 사이를 두고 따라갔다.

골짜기에 밤송이가 떨어져 있는 곳에 다다랐다. 밤이래야 도토리만큼 작고 그나마도 벌레가 먹었는데 스틱으로 밤송이를 뒤집어 보며 알밤을 찾고 있다. 내가 빨리 지나가기를 바라는 의중을 읽고 빠른 걸음으로 지나쳤다. 배려한 것이, 그분한테는 불편했나 보다. 장애인들은 조그만 일에도 상처를 입기 쉬워 더 조심해야 한다. 봉사는 내 만족으로 하는 것이 아니라 봉사 받는 사람의 마음을 열지 않으면 진정한 봉사가 아니다.

배려도 상대방이 부담스럽거나 불편한지 생각할 필요가 있다. 방향을 바꾸어 내려가는 대신 올라가는 길을 택해 돌아가기로 했다. 봉의산을 오르는 것이 그분에게는 운동이고, 시간을 보내는 일이다. 스틱을 의지해 등산하는 인내력을 칭찬하고 싶다. 힘들게 비탈을 내려가는 모습을 보며 육신이 온전한 나는 힘을 얻었다.

# 분수에 맞게 사는 것이 행복

'신은 인간에게 행복이라는 선물을 줄 때 고통이라는 포장지에 싸서 준다.' 한다. 행복의 원천은 마음에서 나오기 때문에 사회생활을 잘하는 사람이 행복하다. 지구 안에는 130만 종의 동물이 있는데, 사람은 치타처럼 빠르거나 코끼리만 한 힘이 없고 매같이 눈이 밝지 못하다. 그래도 최상위에 있는 것은 도구와 불을 사용하고, 협동심, 배려 등 사회생활을 하기 때문이다.

'얼음 위에 댓잎을 깔고 자도 마음이 맞으면 살고, 도토리 깍지에 장을 담아 먹어도 마음이 맞으면 행복하다.'라는 말처럼 마음이 천국에 있으면 세상이 천국이다.

마음이란 본래 하얀 백지 같아서 지식과 정보를 쌓거나 사물이나 사람과 관계가 뇌 속에 있는 회로망으로 연결된다. 마음을 비우면 맑아지고 지혜가 샘솟지만, 자신이 만든 기준을 고집하면 타인과의 관계가 불편해진다.

서로의 계산 방법이 달라 좋고 나쁨이 있고, 손해를 본 것처럼 느끼는데, 상대방의 좋은 점을 찾아 나의 부족함을 채우려 노력하면 발전이 있다. 삶의 만족도는 물질로 결정되는 것이 아니라 하고 싶은 일과 잘할 수 있는 일이 조화를 이룰 때 삶의 질이 높아진다.

예쁜 것, 고운 것을 보고 맑은소리를 들으면 마음이 환해지면서 주름살이 사르르 펴진다니 자연환경과도 밀접한 관계가 있다. 사막을 옥토로 바꾸고 스키장을 만드는 것이 사람이지만, 생활하기에 좋은 환경, 지하자원까지 풍부하며 정치적으로 신뢰가 쌓이면 국민의 만족도는 훨씬 높다. 국민소득이 낮은 나라에서도 행복 지수가 높게 나오는 것을 보면 국민의 정서 생활에 영향이 있겠지만, 상대적인 박탈감이 적기 때문이다. 재산. 명예. 권력만 좇으면 만족을 느낄 수 없다.

즐기면서 적성에 맞는 일을 하는 사람은 행복하다. 첼로의 거장 파블로 카살스(1876~1973)가 95세 때 BBC 방송이 특집을 냈다. '연습하면 내 실력이 조금씩 나아지기 때문에 매일 6시간씩 연습한다. 고목은 성장하기 때문에 꽃이 피고 열매를 맺는다. 연습이 게으르면 금방 표가 나니, 매일 연습하면서 실력이 조금씩 느는 것을 느낄 때가 가장 행복하다.' 하였다.

사람은 사회적 동물이라 혼자 생활하면 불안하고 외롭고 우울해진다. 사람의 생각이나 감정은 주위에 영향을 끼쳐 주위 환경을 밝게 바꾸거나 혹은 어둡게 만들기도 한다. 가까운 사람이 만족한 삶을 살면 그 행복 바이러스가 옆의 사람에게도 전파된다. 셀리 법칙을 믿는 사람은 늘 셀리 법칙이 따른다.

가치 있는 일에 최선을 다하거나 각고의 노력 끝에 얻어지는 성취는 유효기간이 길고, 마약이나 게임 등 일시적인 쾌락은 지속하지 못해 허탈감에 빠지거나 중독되기 쉽다. 가장 성공한 사람은 권력이나 명예가 높은 사람, 돈이 많은 사람이 아니라 부부가 건강하고 서로를 배려하며 사는 사람이라 한다. 선물은 받는 사람이 원하는 것을 받았을 때 만족도가 가장 높다고 한다. 부부 사이에도 필요한 것, 원하는 것을 받았을 때 만족한다.

평균수명이 늘수록 부부가 같이 사는 시간이 길어진다. 건강하게 취미 생활을 하면서 경제적으로 여유가 있다면 평균수명이 늘어나는 것이 축복이겠지만, 대부분 사람은 마지막 15년 정도를 병에 시달리며 산다고 한다. 서로에게 짐이 되지 않으려 노력해야 한다.

법정 스님은 '행복의 비결은 필요한 것을 얼마나 갖고 있냐가 아니라 불필요한 것에서 얼마나 자유로운가에 있다.' 하였다. 행복은 베풀면 얻을 수 있고 소소한 일에서도 찾고 누릴 수 있다. 욕심을 줄이고 제 분수에 맞게 사는 것이 행복이다.

# 사라진 꿀벌

식물이 멸종하면 동물도 살아남을 수 없겠지? 아인슈타인은 꿀벌이 사라지면 식물이 멸종하고 인류도 버티기 힘들다, 하였다. 작물 중 71%는 벌이 가루받이를 해야 열매나 종자를 얻을 수 있다.

우리나라는 6.25전쟁 때 국토가 초토화되고 DDT 살충제를 뿌려 벌이 전멸하다시피 하였다. 1954년 4월, 미국의 비영리 단체인 헤퍼인터내셔널이 '노아의 방주' 이름의 프로젝트로 꿀벌 150만 마리를 특별기로 공수해 온 덕분에 꿀을 생산할 수 있다.

TV 화면 속 벌통에는 죽은 벌들의 사체가 쌓였고 곰팡이까지 피어 있다. 낭충봉아부패병 때문이다. 양봉 농가들은 피해보상을 요구하고 있지만, 선례가 없어 자연재해로 인정해 주지 않아 보상받을 길이 없단다. 낭충봉아부패병이 전국을 휩쓸어 분봉할 수 없는 처지라 꿀벌을 수입해 와야 한다는 의견과 벌이 새로운 병균을 옮겨서 작고 약한 토종벌들이 꿀을 얻기 힘들어 전멸할 수 있다는 주장이 맞서고 있다.

벌들의 양식인 꿀은 완전식품으로 약용과 식용으로 약방의 감초처럼 쓰였다. 할머니께서는 벽장 안에 꿀단지를 감춰두셨다. 혓바늘이 돋으면 꿀을 발라주셨고, 감기가 들면 무채나 콩나물을 꿀에 쟀다가 삭힌 물을 데워주셨다. 기침을 하면 배 속을 파낸 후에 꿀을 넣고 쪄 주셨다. 신기하게도 할머니의 처방은 한잠 자고 나면 거뜬했다.

꿀벌이 사라졌다 떠들어도 나와는 관계없다는 생각에 무심히 흘려들었는데 우리 집 마당에 매실이 열지 않은 원인도 꿀벌 때문이란 말을 듣고 깜짝 놀랐다. 매실도 꿀 못지않게 쓰임이 많다. 여름철 음료수로 좋고, 음식의 잡냄새를 없애주고 맛을 좋게 하며, 살균작용을 하고, 비타민이 풍부하여 매실액을 만들어 놓고 두루두루 쓴다.

지구가 더워진다더니 중부지방에서도 매화나무를 심는 농가가 늘어났다. 매화나무는 성장 속도가 빨라, 심은 지 삼 년이 지나면 수확을 할 수 있다기에 무공해 매실을 직접 수확하고 싶은 욕심이 생겨 마당에 두 그루를 사다 심었다.

매향을 얼마나 기다렸던가! 싸늘한 바람을 맞으며 매화가 피던 날은 가슴이 두근거렸다. 벌어지는 꽃봉오리가 신기하기도 하고 매향에 취해 언제 봄이 가는지도 몰랐는데 덤으로 한 바가지쯤 되는 매실 수확의 기쁨까지 얻었다. 다음 해는 제법 많이 달려 매실장아찌를 담고, 매실주를 담고, 매실액까지 만들었다. 매실도 해거리하고 어느 해는 꽃이 핀 시기에 갑자기 추위가 덮쳐 열매를 맺지 못하고 떨어져 버릴 때도 있었다.

올해는 일 층 높이만큼 성장한 매화나무 가지마다 소복이 꽃을 달고 봄을 맞았다. 날씨까지 포근하여 수확량이 많으리라 기대하고 친지들과 나누어 먹을 계획까지 세웠다. 그런데, 어쩐 일인지 며칠 사이 열매가 자라지 못하고 우수수 떨어져 빗자루로 쓸어 냈다.

앞집에 살구꽃이 피면 벌들이 정신없이 모여들었는데 올해는 벌을 구경조차 할 수 없으니 살구 먹기는 틀렸다며 꽃향기나 실컷 맡으란다. 그러고 보니 매화꽃이 피었을 때 벌을 본 기억이 없다.

새로운 병균도 문제지만 환경오염과 전자파 때문에 방향감각을 잃고 헤매다 죽기 때문에 벌의 숫자가 줄어든다고 한다. 비닐하우스 안에서는 벌을 키우거나 사람이 일일이 화분을 발라 준다지만, 벌이하는 일을 사람이 대신 하는 것도 한계가 있을 것이다.

꿀벌이 사라지면 충매화 식물들은 씨앗을 맺지 못하고, 생명력이 강한 식물도 시간이 지나면 숫자가 줄어들다가 멸종하게 된다. 아인슈타인의 예언처럼 인류마저 먹을 것이 부족하여 결국에는 버티기 힘든 상황을 맞게 될 것이다.

로런츠는 브라질에 있는 나비의 단순한 날갯짓이 미국 텍사스에서는 토네이도를 발생시킬 수 있다고 하였다. 나비효과만큼 벌들이 자연에 미치는 영향도 크다는 것을 깨달았다.

옛말에 '근심 걱정은 무덤으로 들어가야 끝이 난다.' 하였는데 이제는 꿀벌들의 질병까지 걱정해야 하는 시대에 사는가 보다. 떨어진 매실을 쓸어 담으며 어느 것 하나 소중하지 않은 것이 없으며 생존을 위해 빠르게 진화하는 것만 살아남을 수 있다는 것을 깨달았다.

# 책갈피에서 추억을 줍다

누렇게 변한 책을 펼치니 네잎클로버와 노란 은행잎이 환하게 웃는다. 가을이면 곱게 물든 잎을 주워 책갈피에 끼워 넣는 버릇이 있어 가끔 노란 은행잎이나 단풍, 네잎클로버를 발견한다.

장마철이나 눈이 쏟아지는 날 책을 펼쳤을 때 툭 떨어진 단풍잎과 클로버가 과거의 풍경을 그리며 행복을 가져다준다. 학생 시절로 잠시 돌아가기도 하고, 남이섬에서 야외수업을 하던 날, 노란 잔디에 수놓았던 단풍잎을 떠올리며 아름다운 추억에 젖어 세상사를 잠시 잊을 수 있다.

여고 시절 소풍 가서 네잎클로버를 찾던 기억이 떠오른다. 땡볕에 쭈그리고 앉아 네잎클로버 찾기에 몰두한 모습이 안쓰러웠던지 선생님께서는 네잎클로버는 행운이지만 세잎클로버는 행복이다. 행운만 찾다가 행복을 놓치지 말라고 당부하셨지만, 네잎클로버를 찾아 정성스럽게 말려 수첩에 끼워 넣었다.

한동안 자기만족에 봉사를 다녔다. 장애인이 하루 할 분량을 정상인은 한두 시간에 할 수 있으니 큰 도움이 될 거란 생각에 옆 사람에게 눈길조차 주지 않고 쇼핑백 만들기에만 열중하였다. 세월이 한참 지난 다음에야, 일보다 그분들과 마음을 트고 정을 나누는 대화가 더 필요하다는 것을 깨달았다.

크리스마스가 가까운 어느 날, 장애가 있어 휠체어를 타고 다니시는 분이 야유회에 갔다가 찾은 네잎클로버를 수사님께 부탁하여 코팅하였다며 자랑스럽게 내밀었다.

그는 신체적 장애가 있지만 지적 장애가 없어 작업장에서 일을 척척 해내는 분이다. 남자의 본능인지 가끔가다 쳐다보는 눈빛이 끈적끈적하여 의도적으로 피하게 되는 기피 인물이었다. 그에게 선물을 받으리라고는 꿈에도 생각 못 했다.

선물은 받는 사람보다 주는 사람이 더 행복하다. 선물을 고르고 포장하여 전하는 내내 가슴이 환해진다. 그도 열심히 네잎클로버를 찾고 단풍잎과 자리를 바꿔가며 꾸미고 코팅하는 과정 하나하나가 행복이었을 것이다. 그의 따뜻한 마음이 쌀쌀맞은 내 성격을 바꾸어 놓기를 바라며 책갈피로 쓰고 있다.

단풍잎을 잘 말려서 코팅한 후 추억과 함께 찻잔 받침으로 멋을 내고 싶어서 박물관 뜰로 나섰다. 박물관 뜰은 서향이면서 산 밑이라 다른 곳보다 단풍이 빨리 들고 유난히 곱다.

올해는 기온 차가 심해 단풍이 곱다는데 주우려니 눈에 띄는 것마다 벌레가 먹었거나 검은 반점이 얼룩얼룩하다. 수북이 쌓인 낙엽은 예전 어머니의 찌든 앞치마가 연상되어 마음이 무겁다. 골다

공증으로 구멍이 숭숭 뚫린 노인의 뼈를 보는 것 같고, 검은 점들은 얼굴이나 팔뚝에 핀 저승꽃 같은 모습이다.

한 시절 살고 나면 누구나 낙엽처럼 시들고 노화되는 것을 보면 사람도 자연에 일부란 생각이 든다. 사람마다 삶의 무게가 다르듯이 저마다 점지받은 색깔로 매무새를 마친 단풍이지만, 흠 한 점 없는 잎이 드물다. 창문으로 내다볼 때는 참으로 고와 보였는데 버리고 줍기를 반복해도 마음에 드는 잎을 찾기 힘들다.

빨갛게 시선을 끌던 단풍잎이 하나씩 손에서 빠져나가자, 허전한 마음을 달래며 빈손으로 돌아선다. 낙엽이 지는 것은 단순히 자연의 질서에 순응하는 것이 아닌 내일을 꿈꾸며 새잎을 위해 결별하는 의식이다. 스스로 자리에서 물러나 거름이 되고 있다. 우리도 다음 세대를 위해 미련 없이 자리에서 물러나 자양분이 되어야 하리라.

# 마침표를 찍었다

문장은 마침표를 찍어야 완성된다. 사람의 일도 마침표를 찍어야 마무리가 된다. 오늘은 박물관 봉사 1기생으로 18년 동안 해온 박물관 전시설명 봉사에 마침표를 찍었다. 두 시간씩 마이크를 들고 뛰어다녀도 열정이 있어 내 말에 귀 기울이는 관람객과 눈 맞추며 기쁨을 나누었다. 나이를 의식하지 않았는데 가끔 피곤을 느끼니 좋은 이미지로 마감하고 싶었다. 시원하다, 생각하려 해도 허전한 마음이 앞선다.

주위에서 말리고 봉사자들도 더 하자 하였으며, 관람객들도 목소리 곱고 똑부러지게 설명해서 머리에 쏙쏙 들어온다고 한다. 미련이 남아 있지만 후배들에게 설 자리를 마련해 주어야 한다는 생각에는 변함없다. 나이 제한은 없으나, 사람은 서야 할 자리가 있고, 앉아야 할 자리가 있다.

봉사자 중에는 80세가 훨씬 넘은 사람이 있다. 선배라고는 하지만 나이가 들면 발음이 정확지 않고, 단어가 반짝반짝 떠오르지 않아 가끔 더듬을 때가 있으니 듣는 사람은 답답하다. 본인만 모르고 있는 것이 문제다. 봉사도 서비스라는 생각을 하고 있다. 재치 있는 말솜씨와 활력있는 젊은 사람의 설명을 듣고 싶어 할 거라는 생각을 왜 못하나?

박물관 전시설명 봉사자는 역사에 관심이 많은 교직 생활을 하신 분이나 사학과 졸업생이 많다. 나는 상업고등학교 출신이다. 그분들보다 지식이 많아야 내 자리가 생긴다는 생각으로 틈틈이 박물관 도록을 보고 역사 사전을 뒤지며 공부했다. 공부한 내용을 시대별로 컴퓨터에 입력해 놓고, 줄인 내용은 노트에 기록하여 들고 다니며 공부했다. 관람객 중에는 역사를 전공한 박사님도 있고, 여행을 많이 해서 얻은 지식이 많은 사람도 있다. 실력을 갖추어야 어떤 질문도 막힘없이 대답할 수 있다. 중학교 때부터 봉사한 경험이 많은 도움이 되었다.

역사는 외우는 것보다, 직접 보아야 정확한 지식을 얻을 수 있다. 친정은 파주다. 서울의 북쪽이라 왕릉이 둘러 있고, 문화재가 많다. 애향반에 가입하여 일요일이면 문화재를 찾아다니며 청소하고 자연보호를 했다. 소풍 장소는 늘 왕릉이라 역사 공부는 덤으로 되었다. 영조의 어머니며 칠궁에 위패가 모셔져 있는 숙빈 최씨의 묘인 소령원은 수없이 다닌 곳이며, 숙빈의 원찰인 고령산 보광사도 여러 번 갔다. 소령원에는 신도비가 2개 있는 사실과 숙빈의 원찰인 보광사에는 궁녀들이 제사 지내는 공간이 있는 것도 보았기에 알 수 있다. 연 2회의 봉사자들을 위한 유적지 답사와 박물관

문화대학, 특별전 전시설명 교육은 빠지지 않았다.

지난달에는 소년원 봉사도 접었다. 재소자들은 대부분 힘든 환경에서 자라 성격이 모가 나거나 인내심이 부족하다. 가정과 학교에 정을 붙이지 못해서 방황하다가 같은 처지의 친구들과 어울리게 되고, 시간을 보낼 만한 흥미와 경제적인 어려움으로 죄를 짓게 된다. 어른의 잘못이 크다.

처음 봉사를 시작할 때는 재소자들이 내 자식 또래라 말이 통하여 상담하기가 쉬웠다. 아들을 생각하면 이해가 되었고, 사회에 나가서 바르게 서기를 바라는 마음이 가득해 그들의 말에 귀를 기울이고 정을 주었다. 시간이 흘러서 이제는 재소자가 손자뻘쯤 되었다. 경험이 대우받던 시대가 가고 미디어 시대로 바뀌어 그들이 생활하는 공간과 나의 공간은 큰 차이가 있다.

핸드폰의 기능을 손녀한테 배우고 있고, 젊은 세대들의 언어도 이해할 수 없다. 말이 통하지 않는다는 것은 공감할 수 없다는 뜻이다. 좋은 말을 들려주려고 준비해 가도 물 위에 뜬 기름같이 겉돌 때가 많다. 마음이 통하지 않으니, 봉사들은 좋은 말도 관심 없어 멍하니 시간만 채운다. 봉사 받는 사람의 마음을 열지 못하면 진정한 봉사가 될 수 없다.

'죄는 미워하되 사람은 미워하지 말라.' 밝은 교정 시설에 검정고시반, 미용 기술반, 스포츠 맛사지반이 있어 기술을 가르친다. 사회에 적응하도록 정성을 다해도 재범률이 높다.

나이는 나이테만 느는 것이 아니다. 모든 기능이 떨어지니 앞에 나서지 말고 뒤에서 바람을 막아주는 언덕이 되어야 한다. 세월의 자리는 문제 삼지 않으면 아무 문제가 없다. 나이 들면 머리 쓰는 일 말고 편안하게 차 한잔 마시는 여유가 필요하다.

결원이 생기거나 단체관람객이 많으면 달려가 신바람을 일으켰다. 좋은 말 한마디는 인생의 나침판이 된다는 생각에 간식까지 챙겨가서 아픔을 나누려고 하였다. 30년을 봉사하고 춘천 시민상까지 받았으니 보람 있다. 남은 생은 나와 가족을 위해 느긋하게 살자며, 누렇게 바랜 소설책을 꺼내 들었다.

# 4

# 보리는 밟아야 알이 든다

해탈하는 수도승처럼 질곡의 세월을 견디고 나와서 잠 한번 편히 자지 못하고, 은폐 훈련을 잘 받은 특수부대원처럼 요소요소에 숨어 주야장천 울어댄다. 낮이고 밤이고 오로지 사랑의 완성을 위하여 먹는 것도 포기했다. 새 생명을 창조하고 자기 몸을 불사르는 처절함이 있어 매미 소리는 노래라 하지 않고 운다고 하는가 보다.

# 보리는 밟아야 알이 든다

「6시 내 고향」 시간이다. 한파 속, 넓은 들에 있는 푸른 생명이 싱그럽다. 보리다. 보리 냄새를 맡고 있는데 왜? 신기하게 민들레가 떠올랐을까? 겨울을 나는 보리와 담장 틈을 비집고 핀 민들레의 강인함이 같기 때문일 것이다. 씨앗이 솜털처럼 날아가는 민들레의 꽃말은 '행복' '감사한 마음'이다. 코로나19로 외출을 못 해 답답한 마음에 행복을 찾고 싶었나 보다.

초등학교 다닐 때, 보리농사를 지었다. 언 땅이 풀리면 보리를 꼭꼭 밟아 주었다. 서릿발이 밀고 올라와 들떠서 보리의 뿌리가 마르기 때문에 밟아 주지 않으면 말라 죽는다. 처음에는 손과 발이 시리다가도 한참 지나면 후끈한 열기를 느낄 수 있었다. 질척한 흙이 신발에 붙어 고무신이 벗겨져서 가는 새끼로 묶었던 기억이 난다.

아직 채소가 크지 않은 이른 봄에 보리싹을 베어다 된장국을 끓여 먹기도 했다. 보리의 푸른 싹은 멧비둘기나 꿩이 뜯어 먹고, 고삐 풀린 소가 들어가 밟고 다니며 뜯어 먹어도 죽지 않고 잎이 피고, 줄기가 올라왔으며 알곡이 영글었다. 풀처럼 여리게 보여도 생명력은 강해 서릿발 섬뜩한 겨울을 이겨냈다. 알곡은 가난한 사람들이 여름을 나는 양식이다.

올해는 참 힘든 해다. 사람이 겸손하지 못해서 하늘이 노하셨는지, 이른 봄에는 가물어 밭곡식이 성장을 멈췄고, 건조주의보 속에 큰 산불이 고성과 울진, 삼척을 휩쓸었다. 단비로 숨통이 트이나 했더니 무더위와 함께 두 달 가까이 비가 쏟아졌고, 연달아 올라온 태풍의 피해로 세상이 물바다가 되었다. 밭에 심은 농작물은 빗물에 잠겨 탄저병이 오고 녹아내려 제대로 거둔 것이 없다. 20년 동안 고추 농사를 지었지만, 고추 200포기를 심어서 두 근 따보기는 처음이다.

주위에는 힘든 사람이 참 많다. 자연재해도 재해지만 우한에 사는 한 사람의 재채기로 시작한 코로나19는 추석날 성묘 가는 길을 막고 하늘길까지 막아버렸다. 세계인의 발길과 물자 운송을 막고 거리 두기로 소상공인이 경제난에 빠졌다. 긴급재난 지원금을 풀어도 내수 부진으로 실직자와 파산하는 상인이 늘어나고 시장에는 사람의 왕래가 줄었다.

여기저기서 한숨 소리가 들려도 남의 일인 줄 알았다. 조카는 중국에서 들어오는 농수산물을 보관하는 창고업을 한다. 지난해 말부터 코로나19로 중국과 무역이 끊겨 창고가 비었다. 창고와 사무실 임대료 및 관리비가 매달 지출 되어 빚이 늘어나 파산할 지경이다.

전 세계에 코로나19 환자가 늘고 있어, 하늘길이 막히니 대한항공에 다니는 조카도 힘들다.

문화원 문예창작반에서 수필 공부를 한 지, 21년이 되었다. 올해 제18회 춘천문학상 수상자로 선정되어 출판기념회를 손꼽아 기다렸다. 신문에 보도된 수상 소식을 보고 축하 전화가 빗발쳐서 문학상의 기쁨에 취해 있었다. 잔칫날이니 화사하게 한복을 입으려고 저고리 동정을 새로 달고 두루마기는 다림질하여 걸어두었다. 우리 손녀들이 얼마나 예쁜가! 꽃다발을 안고 가족사진을 찍을 생각으로 행복했는데 거리 두기 2.5단계 발령으로 나흘 전에 행사가 취소되어 기운이 쏙 빠졌다.

세 끼 밥상 차리며 집 지키는 일도 하루 이틀이지 답답해 몸살이 날 지경이다. '인생은 언제나 또 한 번의 기회를 준다. 내일이 있기 때문이다.' 하였다. 소한 지나고 대한이 지나면 봄이 온다. 보리는 뜯기고 짓밟혀도 야무지게 줄기를 키워 알곡으로 채울 것이다. 보리가 납작 엎디어 겨울을 나듯이 참고 견디면 '이 또한 지나가리라.' 물결치는 보리밭 위로 수천만 개의 민들레 씨앗이 감사와 행복을 싣고 하얗게 날아가리라.

# 매미의 수목장

매미의 맹렬한 울음이 우리의 심중(心中)을 통째로 흔들어 놓는다. 열대야 탓도 있지만, 매미의 세레나데가 시끄러워 쉽게 잠들지 못한다. 고문 중에 잠을 재우지 않는 고문이 가장 무서운 고문이란다.

해탈하는 수도승처럼 질곡의 세월을 견디고 나와서 잠 한번 편히 자지 못하고, 은폐 훈련을 잘 받은 특수부대원처럼 요소요소에 숨어 주야장천 울어댄다. 낮이고 밤이고 오로지 사랑의 완성을 위하여 먹는 것도 포기했다. 새 생명을 창조하고 자기 몸을 불사르는 처절함이 있어 매미 소리는 노래라 하지 않고 운다고 하는가 보다.

사회가 복잡해지고 사람의 성격이 거칠어지니 매미라고 순하기만 할까? 그 작은 몸에서 어찌 그리 암팡진 소리가 나오는지! 사람이 매미처럼 외치다가는 목이 터져 선혈이 낭자할 것이다.

매미의 삶은 허물을 벗은 후 짧으면 1주일, 길어야 3주일 안에 단 한 번의 사랑을 하고 생을 마감한다. 사랑의 완성을 위해서라면 어떤 고통이나 어려움도 감수해야 한다. 짧은 시간에 자신의 존재를 알리려면 밤이면 어떻고 나무가 아닌 굴뚝인들 대수나. 암컷의 마음을 사로잡겠다는 수컷들의 절규요. 너무 짧은 생을 접어야 하는 애절한 몸부림이라 숙연하다.

매미는 나무의 고사를 막기 위해 10여 곳에 나누어 수정관을 삽입하고 산란 후 생을 마감한다. 빈손으로 왔다가 빈손으로 가는 생이 매미라고 다르겠는가? 땅속에서 부화한 애벌레는 5년, 7년, 길게는 17년이란 긴 세월 동안 명주실로 날개를 짜고 윤기 나게 치장하며 기다린다. 매미가 한꺼번에 부화하면 먹이를 얻기 힘들고, 천적에게 노출될 위험이 크며, 갑자기 온 기후변화에 종족 번식의 시기를 놓쳐 멸종할 위험이 있기에 1과 자신의 숫자가 아니면 나누어지지 않는 소수해에 부화하도록 진화하였다. 천적을 피해 한밤중에 나무의 기둥을 타고 올라와 아주 천천히 허물을 벗고 날개를 말린다.

감나무 밑에 떨어진 매미시체에 개미가 바글바글 붙어 있다. 매미 사체를 집어 후후 불어 개미를 떨어트린 후 감나무 밑에 묻어 주었다. 어제까지 울던 매미 사체 위로 감나무 잎이 떨어져 이불이 된다. 세월 속에 죽은 매미는 썩어 거름이 되어 감나무를 키우고, 애벌레의 성장을 돕는 감나무 수액이 되어서 다시 감잎으로 태어나 매미를 맞게 될지도 모를 일이다.

삶을 다한 생명체들의 최후가 사람이라고 다르겠는가? 사람이 생을 다하면 혼은 떠나고 몸은 바람과 물, 불, 흙으로 돌아간다. 공평한 것은 죽음뿐인데 소수의 사람은 그것마저 거부하고 시신을 냉동 보존하였다가 의학이 발달한 훗날 다시 살기를 희망한다. 아무리 의학이 발달한 세상이 온다 한들 나와 인연 닿았던 모든 사람이 떠난 후 혼자 살면 무슨 의미가 있겠나? 하루 사이에도 세대 차이가 난다고 하는데 혼자 살아난다면 물질을 떠나 사회관계망에 적응할 수 있을까?

방충망에 붙은 매미의 울음에는 애절함이 배어 있다. 사람이 있고 새가 날아다닐 공간이 부족해 새가 날아들지 않으니, 어쩌면 매미도 새의 먹이가 되는 것을 피해 추녀 밑 방충망에 붙어 울고 있는지 모르겠다.

집 짓는 일, 먹는 일도 잊고, 오직 짝을 찾는 매미처럼, 불같은 사랑을 하고 싶다. 내게 주어진 임무가 끝나는 날, 후회 없이 자연으로 돌아가 매미가 찾는 한 그루의 나무로 태어나고 싶다.

# 젊어서 아름답다

박물관 안이 고등학교 단체 손님으로 활기가 넘친다. 아침 일찍 오느라 외모를 챙기지 못한 학생들이 화장실 거울 앞에서 화장하고 있다. 립스틱을 바르고, 색조 화장에 속눈썹까지 세운다.

피부도 숨을 쉬기에 어려서 화장을 진하게 하면 탄력을 잃고 일찍 늙는다. 어른 흉내를 내는 것이 안타까워 "화장 안 한 얼굴이 깨끗하고 싱싱해서 보기 좋은데, 사회인이 되었을 때 화장해도 늦지 않단다." 낮은 목소리를 냈더니

"칫. 재수 없어."

참을성 없이 뱀장어 창자같이 직진해야만 성이 풀리는 아이는 바로 침을 튀기며 나가버리고, 남아 있는 학생들은 아예 눈길조차 주지 않고 화장을 계속하고 있다. 말을 통해 밖으로 나온 화가 제 몸을 망친다는 사실을 알기나 할까?

이른 아침이고 외손녀딸이 저만한 또래라 노파심이 생겨 최대한 자존심이 상하지 않게 하려고 웃으며 부드럽게 말하려 애썼건만

말한 내가 더 무안하다.

내 돈 주고 산 담배를 네가 뭔데 뺐냐며 교감 선생님께 달려드는 중학생이 있고, 파마머리를 풀고 오라는 담임선생님을 학생 인권탄압이라며 교육청에 신고했다지 않나.

덩치는 어른만큼 성장했으나 정신연령이 따라주지 않으니, 아이들도 힘들기는 하겠다. 학생은 학생다워야 한다. 꽉 끼는 하의실종 옷을 입고 멋 낼 생각만 하니 공부보다는 외모에 더 신경을 쓰는 눈치다. 귀걸이에 화장까지 하고, 속옷 길이만큼 짧은 치마에 꽉 끼는 옷을 입고 있어도 지도하시는 선생님이 안 계시단 말인가?

우리는 중학교부터 시험성적으로 합격이 결정되었다. 교복의 치마 길이는 무릎을 덮어야 하고 단발머리가 귀밑 2cm가 넘으면 교문에 서 계신 생활지도 선생님이 가위로 싹둑 잘랐다.

매주 시험을 보고 틀린 문제 수만큼 매를 맞고, 숙제를 안 해오거나 교칙을 어기면 화장실 청소를 하였지만, 불만을 표출할 수 없었다. 시퍼렇게 멍이 든 종아리를 보신 부모님은 한술 더 떠 야단치기 때문에 애써 감추기에 급급하였다.

한 반에 60여 명이 넘는 학생들의 성적 향상을 위하여 매주 시험지 만들어 등사하시고, 영화관은 물론 학교 밖까지 따라다니며 생활지도를 하시는 선생님이 계셨기에 올곧게 성장을 할 수 있었다. 성인이 되어서야 선생님의 깊은 사랑을 깨달았다.

수능시험을 앞둔 고등학생은 입시 위주로 시간표가 짜이고 성적순으로 줄을 세우니, 갈비뼈가 보이고 허리가 휠 정도로 책상 앞에 앉아 공부한다. 취미나 적성을 키울 기회를 잃고 일류대학만을 꿈꾸며 종일 공부하는 학생들도 탈출구가 필요하겠다. 짜인 틀 안에서 하루를 보내는 학생들에게 박물관 견학은 탈출구며 해방된 공간이라 산만해졌는지도 모른다.

나이 들어 시간을 거꾸로 돌릴 수 없으니, 삶의 질을 높이는 일이 꼭 성적이나 돈이 아니라 해도 늦게 후회하는 일이 생길까 걱정된다. 마음의 상처도 사람에게 받지만, 구원도 사람을 통해서 얻는다. 학생들을 사랑하고 미래를 걱정하기 때문에 럭비공 같은 학생들을 보면 무안을 당해가면서도 잔소리하게 된다.

아날로그 시대를 살았던 나와 AI(인공지능) 시대를 사는 학생들의 삶이 같을 리는 없다. 꼰대가 늘어놓는 잔소리라 탓해도 좋다. 치마가 너무 짧아 속옷이 보이고, 화장이 진하여 학생답지 않다고 타이르며 기 싸움해서 이겨야 했는데 후회가 된다.

"얘들아, 외모보다는 내면이 아름다워야 진정한 아름다움이라 할 수 있단다. 젊으면 그 자체가 아름다움이니 맘껏 뽐내렴."

# 동네 한 바퀴

토요일 저녁 시간, 「동네 한 바퀴」 프로를 통해서 골목 구석구석에 있는 명소와 맛집 등을 보여주어 많은 정보를 얻는다. 화려하지 않고 규모는 작아도 오랫동안 지켜온 사업장에 담긴 사연과 이웃이 모여 따뜻한 정을 나누는 모습이 참 보기 좋다. 카메라 앞에서도 나서지 않고 배려하는 순박한 모습이다. 그 마을 토박이인 어르신들을 통해서 옛날 추억이 떠오른다. 불편해도 가끔은 그곳으로 이사 가서 살고 싶다는 생각이 들 때가 있다.

춘천도 두 번 보도되었는데 춘천에서 40년을 산 나도 잘 모르는 곳을 소개해 주었다. 고물상에서 구한 재료로 조각품을 만드는 조각가가 소개되었다. 얼마 전 문화예술회관 뜰에서 조각 작품 25점이 전시되었는데 바로 동네 한 바퀴에서 본 고철을 붙여서 만든 외계인 같은 작품이었다.

내 가족이 먹는다는 뚝심으로 무공해 포도를 키우는 농부. 아버지가 생산한 감자가 팔리지 않고 창고에서 썩어 나가는 것을 본

딸이 감자를 이용한 감자빵을 만들어 히트한 카페가 소개되었다. 감자는 세계에서 가장 많이 생산하고 소비하는 채소다.

빵을 자주 먹는 세대에 맞게 개발한 감자빵은 감자를 넣어 담백하며 구수하고 울퉁불퉁한 것이 영락없는 감자다. 매일 먹어도 물리지 않는다. 주문이 많아 감자껍질을 벗기는 일은 주로 동네 어르신이 하셔서 용돈을 버는데, 고용인원이 OOO명이라 한다. 직원을 채용할 때는 연봉이나 물질적 혜택이 아닌 공감하는 가치와 지향점이 일치할 때 능률을 발휘할 수 있다는 생각으로 채용하였단다. 젊은 청년들의 아이디어로 감자빵은 춘천의 대표 상품으로 자리 잡았다.

오늘은 브라질 편이다. 국내에 그치지 않고 교민들이 사는 해외로 눈을 돌려 그 첫 방송이다. 브라질은 낭만과 정열의 나라로 남미 대륙에서 가장 큰 면적을 갖고 있다. 우리나라에서 비행기로 12시간 걸리며 1959년에 수교를 맺었으니 이민 역사는 66년, 교민은 36,000명 정도 된다.

언어의 장벽과 환경이 다른 타국에서 정착하기 힘들지만, 한국인의 끈기와 명석한 두뇌, 손재주로 부를 이루었다. 자손은 상급학교로 유학시켜 정계, 재계, 연예계 등 각계에 진출해 두각을 보인다. 처음에는 넓은 땅에서 생산하는 목화를 이용한 섬유 산업으로 번창하였으나 지금은 섬유 산업이 사양길에 들어 서비스업에 종사하는 사람이 늘고 있다.

상파울루 봉헤치는 한인타운이다. 고등학교에서 제2 외국어로 한국어를 채택한 학교가 늘고 한복을 입은 젊은이들이 거리에서 사진을 찍고 있으니, 한국의 위상을 느낄 수 있다. 한국문화원에서는 한복 입기 체험과 한글 배우기, 한국 요리 강습을 주기적으로 한다. 현지인을 상대로 한 요리체험 시간에 고추장을 담고 있다. 한국 젊은 주부들도 고추장을 담을 줄 모르는데 그들은 고추장 담기를 배우고, 매운 고추장을 푹 떠서 비빔밥을 만들어 맛있게 먹는다.

이른 아침 공원에서 BTS 노래에 맞추어 운동하고, K-POP 댄스 동호회가 모여 춤을 춘다. 상파울루 중앙시장 안 김치가게 손님은 브라질 사람이 70%를 차지할 만큼 인기다. '이모네 가게' '엄마 김치' 상호를 보니 가슴이 뭉클하다.

교민합창단이 한복을 입고 부르는 '꽃 중의 꽃' 무궁화꽃을 부를 때는 눈물이 흘렀다. 브라질 사회에서 두각을 나타내고, 부모의 가업을 이어받아 열심히 사는 젊은이들이 자랑스럽다. 잡초처럼 뿌리를 뻗어 고운 꽃을 피운 교민들의 긍지를 볼 수 있다.

동네 한 바퀴는 골목골목 사연을 담아 사는 모습을 보고 느끼는 좋은 프로다. 옆집에 누가 사는 줄도 모르고 사는 현대인들이 영상으로나마 보고 배우기를 바란다.

# 마음에 드는 선물

오늘 가장 귀한 선물을 받았다. 선물하면 1906년 발표된 오 헨리의 『크리스마스 선물』이 먼저 떠오른다. 가장 소중한 것을 팔아서 가장 소중한 선물을 주고받은 가난한 부부의 애틋한 사랑 이야기가 세월이 흘러도 마음에 남아 있다.

선물은 받는 사람만큼 주는 사람도 행복하다. 상대가 받고 기뻐할 선물은 어떤 것일까? 생각하고 이것저것을 고르는 동안 가슴이 환히 열린다.

아무리 비싸고 귀한 선물도 받는 사람이 원하는 것이 아니면 좋은 선물이 못 된다. 기쁜 마음으로 받고 오래도록 간직하거나 생활에 요긴하게 쓸 수 있는 선물이 좋은 선물이다.

소년원에 같이 봉사하는 회장님께서 일 년 동안 애썼다며 "별거 아니니까 집에 가서 풀어봐" 하시며 가방에 슬쩍 넣어 주신 선물, 가볍고 매끄러운 느낌. 종일 행복했다.

바스락거리는 포장을 풀자 가지런하게 묶여 있는 종량제 쓰레기

봉투. 순간 빵 터졌다. 참 멋지다. 어느 집이나, 꼭 필요한 종량제 봉투는 비싸지 않아 부담 없고, 일주일에 한두 장씩 쓴다면 넉넉하게 반년은 쓸 수 있는 양이다. 겨울이라 급하지 않으니 시장 갈 때 사야지 하며 미루던 참인데 마음이 통했나 보다. 쓰레기봉투를 꺼낼 때마다 웃음이, 피어나겠지.

나는 생일 선물을 자청해서 받는다. 방앗간을 운영하는 아버지는 명절마다 읍내 떡방앗간을 찾는 주민의 편의를 위해 떡 하는 시설을 한시적으로 운영했다.

명절 밑, 내 생일날은 가장 바쁜 섣달 스무이레다. 생일날, 깜깜한 새벽에 미역국을 끓이고 김을 굽고 고등어자반까지 차려 주지만 점심은 먹은 기억이 없다. 워낙 바쁘니 이집 저집 주는 떡을 얻어먹으며 끼니를 때울 수밖에 없었다.

시집와서 첫 생일이고 음력이라고는 하지만 명절 밑이라 기억하기 좋은데 설마 잊기야 하겠는가 하며 기대했다. 별로 말이 없기에 내색하지 않고 이런저런 상상을 하며 종일 목이 빠지게 남편을 기다렸다. 퇴근 시간이 지났는데도 들어오지 않는 것을 보니 술집으로 행차했나 보다.

약이 올라 남편이 싫어하는 검은콩을 잔뜩 넣고 밥을 했다. 자정이 다 돼서 들어온 남편은 밥상 앞에 오만상을 찌푸리고 앉아서, 콩을 밥에 넣지 말고 삶아서 한쪽에 놓으면 약처럼 꿀떡 삼키고 말겠다며 짜증을 냈다. 두 다리 뻗고 눈물을 펑펑 쏟았다. 정신이 들었는지 미안하단 말을 거듭하며 내일 선물을 주기로 하고 생일은 막을 내렸다.

다음 해부터는 달력을 받자마자 내 생일에 동그라미를 크게 쳐 놓고 받고 싶은 선물을 사달라고 한다. 나는 갖고 싶은 것을 받아 요긴하게 쓰고 남편과 아이들은 선물 고르는 수고를 더니 누이 좋고 매부 좋지 않은가! 애들이 일가를 이룬 후부터는 남편 생일상은 아들이 부담하고, 내 생일은 딸이 부담하며 이어가고 있다.

선물은 받는 사람이 부담 없어야 한다. 문우와 만남은 격식을 차리지 않고 긴말하지 않아도 이심전심으로 통한다. 퇴원 후 입맛이 없을 때 무심결에 떡집에서 파는 떡은 달아서 싫고 팥을 보송보송하게 묻힌 인절미가 먹고 싶다고 했다. 그 말을 가슴에 담아 두었다가 어느 날 육림고개를 지나는데 할머니가 파는 떡이 시골에서 만든 인절미 같아서 샀다며 땀을 뻘뻘 흘리며 들고 왔다. 평상시에는 별로 떡을 좋아하지 않는데, 예전에 먹던 담백한 맛에 구미가 당겼고, 실컷 먹고 났더니 입맛이 돌아왔다.

나이 든 사람들이 주고받는 정(情)은 여백이 있는 수채화 같다. 사회에서 동호인으로, 봉사단체로, 친목으로 많은 사람을 만나지만 솔직하고 담백한 사람을 만나기는 쉽지 않다. 체면치레가 아닌 정성이 담긴 선물, 부담 없이 요긴하게 쓰면 좋은 선물 아닌가?

쓰레기봉투를 묶어 놓으며 '관심이, 사랑이다.' 하는 생각이 들었다. 매사에 재치가 있으신 회장님, 받기만 했는데 내년에는 마음에 꼭 드는 선물을 먼저 준비해 드려야겠다.

# 조금만 더 참지

아이가 쪼그리고 앉아 지렁이를 들여다보고 있다. 아직 목숨이 붙어 가끔 꿈틀대는 지렁이 몸에는 작은 개미 떼가 바글바글 붙어 있다. 개미는 더운 날씨에 피부가 건조해져 의식을 잃은 지렁이를 개미굴 속으로 끌고 가려는지, 아니면 살을 조각내 가려는지 분주하다. 조금씩 개미에게 뜯겨 나가 흔적조차 없어지겠지! 여기서도 약육강식이 성립되는가 보다.

작은 개미라고 하찮게 봤다가 곤욕을 치른 적이 있다. 이 층을 올리고 이사를 했는데 목재에 붙어 온 붉은 개미가 벽지 틈으로 천장까지 길을 내고 다녔다. 단 음식이나 과자 부스러기가 있으면 용케 냄새를 맡고 꼬여 들었다. 개미 매트를 붙여도 당할 재간이 없었다.

아무리 여왕개미라도 매일 알을 낳지 못할 거란 생각이 들어 오징어 다리로 개미를 유인해 아침저녁으로 털어내고 씻어 놓길 반복하였다. 한꺼번에 동료가 없어졌으면 한 번 의심하거나 두려움을 느꼈으련만 오징어 맛에 취해 죽음의 길로 들어선다.

지렁이는 암, 수 생식기관이 한 몸에 존재하는 특이한 환형동물로 눈이 퇴화해 진동을 감지하여 살아간다. 여름철에는 얕은 땅속에 살지만, 땅이 얼면 기온 따라 차츰 땅속으로 내려가 한겨울에는 얼지 않는 깊이까지 들어가 생명을 유지한다.

호흡기관이 없는 지렁이는 피부로 호흡해 빗물이 고이면 산소를 흡수하기 위해 땅 위로 올라온다. 지진을 미리 감지한 쥐들이 탈출을 시도하듯이 개미가 줄지어 이사 가고, 지렁이가 땅 위로 나오면 큰비가 올 조짐이라 한다.

감나무 밑에는 다듬고 남은 채소나 음식물 찌꺼기를 묻어 지렁이들의 먹이가 풍부하여 낙엽 밑을 들추면 지렁이가 우글우글하다.

그 많은 지렁이 중 유독 성질이 급한 놈이 뛰어나왔나 보다. 조금 참았으면 될 텐데 그새를 참지 못하고 뛰어나왔다가 더 건조한 마당으로 떨어졌겠지. 마당이 온통 시멘트 바닥이니 파고들 흙을 찾다가 죽음에 이르렀나 보다.

참을성이 없이 시멘트 바닥에 나와 죽어가는 지렁이를 보니 아는 얼굴이 떠오른다. 그분은 딸 하나를 두고 이혼했다. 더 나이 먹기 전에 새 출발하라는 권고가 있고 나이가 들수록 외롭기도 하여 아이가 둘 딸린 사람과 재혼했다.

딸의 결혼식장에서 곱게 차려입고 잔잔한 미소를 지으며 신랑엄마와 손을 잡고 나가 촛불을 켜는 모습이 더없이 좋아 보였다. 잔치가 끝나고 한턱낸다는 말을 듣고 식당에 모였다. 정말 행복해 보인다는 말에, 그분은 "전남편에게 내가 지금 남편의 절반만큼만 했어도, 아니, 조금만 더 참고 살았어도 이혼하지 않았을 것이다. 애들에게 큰 소리 한 번 못 내고 안으로만 삭인 세월을 하늘이 알까?" 눈물을 글썽이고 있어 우리는 모두 할 말을 잊고 말았다.

살아가면서 내려놓아야 하는 것이 얼마나 많은가? 헛된 욕심을 부리지 않거나 조급증을 삭이고 조금만 참으면 저절로 해결되는 일도 있다. 사람이나 동물이나 성격이 급하면 잃는 게 더 많다.

아이는 지렁이가 불쌍하다며 쪼그리고 앉아 막대기로 개미를 떼어 내고 있다. 누구를 살려야 하나? 내 결정에 따라 살 수도 죽을 수도 있다. 밭에 산소를 공급하는 지렁이는 번식력도 개미보다 떨어진다는 내 잣대로 지렁이 쪽으로 기울었다. 아직 목숨이 붙어 있는 지렁이를 땅에 묻으면 살아날 것 같아 감나무 밑의 흙을 파고 묻었다.

아이는 또 다른 놀거리를 찾아 분주하다.

# 목련나무에 말 걸기

목련은 나무에 핀 연꽃이란 뜻이다. 솜털에 쌓여 겨울을 난 꽃봉오리는 붓과 닮아서 유혹에 흔들리지 않는 선비의 신념이 담겨 있다. '고귀함'이란 꽃말처럼 난초 향을 빼닮아 기품이 흐른다. 잎이 나기 전에 꽃을 피우기 위해 얼마나 힘이 들었겠나!

아들은 초등학교 4학년 식목일에, 학교에서 나누어 주는 목련을 들고 왔다. 몇 종류의 묘목이 있었지만, 꽃을 좋아하는 엄마를 위해 목련 묘목이 떨어지기 전에 뛰어가서 가져왔다고 좋아하였다. 나무 심는 법을 선생님께 배웠다며 심고 내 나무라며 이름표를 붙이고 보살폈다.

북쪽을 향해 핀 고즈넉한 자태는 원숙에 가깝다. 함부로 다가가기 어렵다. 탐스러운 꽃송이와 두툼한 꽃봉오리에서 터져 나오는 간결한 꽃잎은 잎이 없어도 완성된다.

목련꽃 하면, 제5대 박정희 대통령 부인 육영수 여사가 먼저 떠오른다. 시, 도 여성회관 건립과 양지회를 통해서 여성의 사회참여를 선도하셨다. 연말이면 적십자에서 사랑의 보따리를 싸는데 봉사원들과 함께 일하시는 모습이 인상 깊었다. 1974년 광복절 기념식에서 재일교포 문세광의 총에 맞아 운명하셨다. 목련꽃 사진을 배경으로 한복을 곱게 입으신 단아한 모습의 육영수 여사 기념우표를 사기 위해 줄을 섰던 기억이 있다.

목련이 나뭇가지마다 솜털 같은 옷을 밀어낼 때 처음 봄을 알리는 당찬 힘이 느껴진다. 성장 속도도 빨라서, 해마다 사람 키만큼 성장하여 몇 년 지나자, 마당에 가득했다. 솜털에 쌓여서 동면하는 뽀송뽀송한 꽃눈이 꽃만큼 예쁘다. 얼음이 풀리면 해가 드는 쪽부터 하나씩 북쪽을 향해 피어난다. 은은한 향이 집 안 가득하면 눈은 종일 창밖으로 향한다. 어린나무의 꽃은 크고 탐스러운데, 나무가 성장할수록 꽃송이가 많고 작아진다.

목련 꽃봉오리가 반쯤 벌어졌을 때 따서 냉동실에 넣었다가 뜨거운 물을 부으면 사르르 펴지는 목련꽃차가 비염에 좋다고 하여 차로 마셨다. 물병에 넣어 냉장고에 넣으면 목련꽃차가 여름날 식수로 제격이다.

치자꽃, 귤꽃, 커피꽃, 흰라일락꽃 등 내가 아는 흰 꽃은 향이 진한데, 땅바닥에 떨어져, 지는 꽃잎은 차마 볼 수 없다. 특히 목련꽃은 누렇게 변하며 생기를 잃은 꽃은 할머니 손등에 핀 저승꽃 같은 갈색 반점이 생긴다. 땅에 떨어지면 진갈색으로 변해서 똥 밟은 것같이 신 밑창에 붙고 시멘트 바닥에 말라붙어 지우기 힘들다. 고운 자태는 며칠 못 가고 지저분해서 목련꽃이 싫어졌다.

이층까지 자라서 무성한 잎이 그늘을 만들어 복중에 마당을 들어서면 더위를 식혀준다. 매미의 세레나데가 청량하기도 한데, 집안에 큰 나무는 좋지 않다는 속설이 있어 자꾸 신경이 쓰였다.

예전에는 초가지붕이 많았고, 키가 큰 나무가 그늘을 만드니 볏짚이 빨리 삭고, 마당에서 타작하거나, 농산물을 널어 말려야 하니 떨어진 낙엽 치우는 일도 만만찮아 생긴 말일 것이다. 낙엽 쓸어내는 일도 만만치 않고, 창문을 가리니 답답하여 베어 버렸다.

막상 목련을 베어버리고 나니 앞이 트여서 마당이 넓어 보이는데 허전하다. 몇 달 지나자, 목련을 벤 그루터기에서 야들야들한 싹이 돋아났다. 자기 영역을 지키고 확장하려는 욕심이 커서인지 잡초처럼 뜯어 버려도 죽지 않고 줄기차게 새싹을 토해냈다. 싹을 뜯어낸 자리에서 눈물이 흘러내린다. 마당이 좁은데 성장 속도가 너무 빠르고 지는 꽃과 낙엽을 쓸어 내기 힘들어 베어냈지만, 끈질긴 생명력에 감동해 어린싹을 뜯어낼 때마다 망설인다.

마당에는 사철나무, 모란, 매화나무가 있고 틈새에 받아두었던 일년초를 심는다. 훈훈한 바람이 불면 흙냄새를 머금은 땅에서 씨앗들이 먼저 나가겠다고 부산떠는 소리, 뿌리를 내리며 나무에 물길 올리는 소리가 들린다. 한숨 자고 나면 땅 기운 듬뿍 받아서 돌아볼 때마다 표가 난다.

우리의 능력은 아날로그를 벗어나 디지털 세상으로 들어가는데 유비쿼터스 시대라며 빠르게 변하고 있다. 자고 나면 신조어가 생기는 것만큼 계절의 흐름도 속절없이 달아나니, 봄꽃도 순서 없이 한꺼번에 핀다. 천천히 오래 즐기고 싶은데 시차 없이 피고 진다. 한림대학 운동장에 핀 목련꽃을 사진에 담아 왔다. 디카시 한 편 담는 중이다.

# 죽음은 마침표가 아니다

생각지도 않던 분이 수필집을 보내주셨다. 춘천에 두어 차례 다녀가셨지만, 뜻이 달라 수필 문학에서 탈퇴하고 다른 단체로 옮겨가 몇 년 동안 만나지 못한 분이다.

처음 뵈었을 때 세련된 옷차림에 눈이 갔고 친정집과 같은 도시에 사신다기에 더 관심이 갔나 보다. 적십자 봉사원으로 이산가족 방북 신청을 받던 때라 서울대 교수로 재직 중, 딸 하나를 두고 월북하신 아버지를 그리는 글이 눈에 띄어 첫 만남부터 남달랐다.

수필집을 받자마자 반가운 마음에 카톡으로 서로 안부를 주고받았고, 올해 발간한 내 수필집을 보내드렸다. 춘천에 잊지 못하는 또 한 분이 계시는데 그분께 꼭 수필집을 보내드리고 싶으니, 주소를 알려달라는 문자를 받았다.

"그분은 사 년 전쯤 벚꽃이 흐드러지게 핀 날 화장한 후 수목장하였습니다." 하였더니 "아직 젊은 나인데, 얼마나 자상하고 인정이 많은 분인데, 늘 앞장서서 궂은일을 말없이 하시던 분인데, 밝은 모습이라 암 환자라고는 전혀 생각지 못했다"며 말을 잊지 못하셨다. '착한 사람이 먼저 간다'더니 맞는 것 같다며 긴 시간 전화를 붙잡고 정 수필가 이야기를 하였다. 마음 한구석이 허전하다.

정 수필가와 함께했던 추억이 오이 덩굴처럼 길게 이어진다. 내가 가입한 문학회에서는 매달 첫 번째 월요일에 등산을 간다. 눈이 얼어붙은 2월에 봉의산 중턱에 모였다. 봉의산은 춘천의 진산으로 과히 높지 않으며 여러 갈래의 등산로가 잘 정비되어 있어 많은 사람이 찾는다. 얼어붙은 눈이 햇빛을 받아 거죽만 살짝 녹아 미끄러웠지만, 정상을 밟아야 한다며 한 줄로 늘어서서 오른다.

겨울에는 등산할 기회가 없어 몇 년 전에 신었던 아이젠을 배낭에 넣고 집을 나섰는데 막상 꺼내서 착용하려니 고무줄이 툭 끊어졌다. 한 사람은 아예 준비하지 않아 둘이 서 있으니 정 수필가가 한쪽 아이젠을 벗어 친구에게 신겨주고 아이젠 신은 쪽으로 힘을 주라며 친구 손을 잡고 올랐다. 나 혼자만 멀찍이 서 있으려니 친구의 우정이 부러워 자꾸 눈길이 갔다.

춘천은 2년에 한 번씩 레저대회가 열린다. 등산 코스가 향로산으로 정해졌고 엄홍길 산악 대장이 온다니 참가 신청을 하였다. 많은 인파가 물밀듯이 산을 오르는데 가까이서 본 엄홍길 대장은 검고 반들반들 윤이 나는 피부에 군살 하나 없는 몸매, 대나무 마디같이 탄력 있는 다리, 양손에 스틱을 잡고 걸어야 척추에 무리가 가지 않는다며 양손에 스틱을 잡고 쏜살같이 지나갔다.

우리 문학회 회원 4명은 자꾸 뒤처져서 골바람이 부는 한적한 그늘에 앉아 간식을 먹으며 쉬고 있었다. 적십자 봉사원으로 응급 처치 교육을 받았기에 배낭에는 삼각끈을 늘 가지고 다닌다. 삼각끈을 펼쳐놓고 간식을 늘어놓았다. 정 수필가는 암이 골수로 전이가 되어 작은 충격에도 뼈가 잘 부러진다며 삼각끈 묶는 법을 가르쳐 달라고 하였다. 적십자 마크가 선명한 삼각끈은 크기도 알맞고 면섬유라 묶으면 잘 풀어지지 않는다. 팔과 발목, 다리 등 배운 대로 시범을 보이자, 삼각끈을 자꾸 접었다 펴며 관심을 보여서 배낭에 넣어 주었다. 등산이 끝난 후 행운권 추첨으로 정 수필가는 세 번 접는 깔판을 받았는데 내 배낭에 넣기에 거절 못 하고 들고 왔다.

대룡산으로 올라가는 등산로 입구에는 호스피스 병동이 있다. 등산을 마치고 내려오는 길에 계획에 없던 호스피스 병원으로 봉사를 가잔다. 천주교 신자였던 그는 수녀님과 친하다며 수녀님께 전화하겠다고 했다. 모두 침묵하고 눈치만 보고 있기에 내가 나서서 만류했다.

'봉사는 한 번으로 끝나는 것이 아니고 지속으로 이어져야 한다. 봉사자 교육과 환자들에 대한 교육을 받아야지 의욕만으로는 안 된다. 특히 환자들은 낯가림이 심하다. 갑자기 봉사하겠다고 들이닥치면 일이 손에 익지 않은 봉사자들은 물론 관리자도 힘들다. 계획부터 세우고 들뜬 분위기가 아닌 봉사하기 편한 옷차림으로 다음에 하자.' 냉정하게 거절하고 내려온 것이 마지막이었다. 동병상련으로 작은 일이라도 거들어 드리고 싶었던 애틋한 마음을 이해하지 못한 것이 후회된다.

인간은 삶과 죽음의 경계에 있다. 한 사람의 일생은 의학적인 마무리로 끝나는 것이 아니다. 살아온 인생 못지않게 가족, 친구, 직장 등 자신을 둘러싼 이들과 작별하는 삶의 마무리도 중요하다.

세월의 주름 사이로 문득 보고 싶으면 달려가 만나고, 전화나 문자로 안부를 주고받으며 위안을 얻는 사람이 있다. 타인의 죽음을 보며 화해하지 못한 일은 없는지, 원망이나 미련은 없는지, 살아온 길을 한번 뒤돌아보게 된다. 구상 시인은 '죽음은 삶의 다른 모습이고 삶과 분리된 어둠의 세계가 아니라 서로를 현존케 하는 힘이다.'라고 했다.

정 수필가는 많은 사람에게 좋은 모습으로 남아 있다. 사람이 가는 길이 기계로 뽑은 듯 똑같을 수는 없다. 정 수필가는 많은 사람에게 길이 되어 주고 사랑으로 남은 사람이다.

그와의 추억이 생생한 걸 보면 죽음은 모든 게 끝나는 것이 아니다.

# 집 짓는 일을 하고 싶다

집도 예술품이다. 내가 만일 남자로 태어났다면 집 짓는 일을 하였을 것이다. 집은 생명을 보호하고 종족을 이어가는 숭고한 정신이 들어 있다. 새집이 완성되면 이사 올 사람들의 행복한 모습이 떠올라 뿌듯하겠다.

우리 밭 옆의 논은 벼를 수확하고 난 후 흙을 메우고 여덟 채의 집이 들어섰다. 밭에 갈 때마다 기계 소리, 레미콘이 돌아가며 부산하게 움직이는 공사장 분위기가 활기차서 내게도 힘이 전해진다. 쇠기둥을 세우더니 두 달쯤 지나 근사한 이층집이 완성되었다.

집 짓는 일을 기계가 다 하여 밭 한 고랑을 매고 나면 한쪽 벽이 완성되고 며칠 밤 자고 나면 지붕이 덮여 어엿한 집이 된다. 탁탁탁! 못 박는 소리, 앵글 돌아가는 소리가 리드미컬하다. 지붕이 뾰족한 어느 잡지 책에서 본 듯한 멋진 집이다. 내가 살집도 아닌데 집이 한 채씩 늘어날 때마다 새로 이사 온 사람들의 웃음소리가 들리는 것 같아 반갑다.

나란히 붙여 지은 두 채를 분양하고 나서 이 년 새 여덟 번째 집이 완성되었다. 비슷한 연령대로 전원생활을 위해 나무를 심고 꽃밭을 만들고 잔디를 심으며 집 가꾸기에 열중한다. 시골에 집을 짓고 이사를 하면 텃세가 심해 스트레스를 받는다는데 이곳은 외지인이 쾌적한 전원생활을 위해 비슷한 시기에 이사 온 사람들이라 매달 돌아가며 집에 초대하고 회비를 모았다가 계절이 바뀔 때마다 관광을 간단다. 일하는 도중에도 집을 짓고 이사 오라며 커피를 건네주거나 과일을 나누어 주니 우리는 무나 파, 감자를 담 안으로 던져 놓고 온다. 머루 덩굴 밑에 앉아서 잡담을 나누고 상추와 배추가 오가는 모습을 보면 부럽기는 한데 이층을 올리며 하도 고생해서 집 지을 엄두가 나지 않는다.

우리는 새로 지은 슬라브 단층집을 사서 이사를 하였다. 십 년이 지나니 빗물이 새서 천장에 스몄다. 남향집이라도 슬라브는 여름에는 더 덥고 겨울에는 더 춥다. 방수 견적을 알아보고 있는데 앞집에서 이층 올리는 공사를 시작했다. 업자는 두 집이 같이 시작하면 자재를 싸게 구할 수 있고 인부를 적절하게 나누어 쓸 수 있는 이점이 있다며 방수하는 돈에 더 보태 단열이 잘되는 이층을 올리자 꼬드겼다.

집 짓는 일이 처음이라 꼼꼼하게 계약서를 쓰지 않고 믿었던 게 화근이 되었다. 아래층에서 살고 있으니 급하지 않아 다른 곳에서 일하다 남는 시간에 인부를 보내니 하세월이고, 자재의 질이 더 좋다는 말에 조금씩 늘어난 건축비는 예산을 훨씬 뛰어넘었다.

어느 날은 일꾼이 라면을 가지고 와서 끓여 달라고 한다. 내 집을 짓는데 거절할 주변이 못 돼, 라면을 끓여 김치를 한 대접 주었다. 그 후부터 매일 라면을 끓이고 김치 담느라, 해가 졌다. 하루는 미장 기술자가 속이 안 좋다며 라면 국물만 마시기에 밥을 좀 먹어야, 힘든 일을 할 수 있을 것 같아 밥을 한 그릇 내갔더니 라면에 김치와 밥, 얼음물까지 매일 요구하는 가짓수가 늘어났다.

남편은 출근할 때마다 마음에 들지 않는 곳을 지적하는데 일꾼은 업자의 지시만 따른다. 업자 얼굴 보기는 힘들고 중간에서 나만 들볶였다. 옥상에 스티로폼을 엉성하고 펴 놓고 이틀 후 레미콘 차가 온다며 가버리니 뙤약볕에 종일 쭈그리고 앉아 틈을 메웠다. 마당의 한쪽 끝에 보도블록을 쌓아 놓고 바쁘다며 마감할 생각을 안 하니 흙이 묻어 들어오는 것을 참다못해 내가 깔았다. 집 짓는 일이 이렇게 힘드니 같이 집을 지은 아내는 칠거지악에도 내치지 못하는가 보다.

짐승의 집도 관찰의 대상이 되어 자세히 살펴보니 경이롭다. 까치집은 엉성하게 보여도 숙련된 장인처럼 나뭇가지를 요리조리 맞추며 집을 짓는다. 든든한 집을 짓기 위해서는 바람 부는 날 섶을 엮기에 태풍에도 끄떡없다. 그렇게 공들여 지어 놓아도 새끼가 성장하면 미련 없이 둥지를 떠난다. 쇠똥을 굴려다 집을 짓고 그 속에 알을 낳는 쇠똥구리. 저마다 환경에 맞고 천적을 피해 집을 짓는다. 개미의 집에서 힌트 얻고 비버의 집 짓는 솜씨를 연구하지 않나?

남이 짓는 집은 참 쉬워 보인다. 기초를 다지고 기둥이 서고 하나씩 형태 갖추는 모습을 볼 때마다 뿌듯할 것 같다. 집을 세 번 지어야 마음에 드는 집을 짓는다는데 내 손으로 집을 지으면 마음에 꼭 드는 집을 지을 것 같다. 10년만 젊어도 멋지게 집을 지을 텐데…. 이제는 집을 지으면 안 되는 이유가 한 가지씩 점점 늘어나고 있다.

# 마음의 거리

코로나19 앞에서 모두는 약한 존재다. 국경 봉쇄 소식이 이어지고 재난 문자가 수시로 뜨니 불안하다. '사람은 습관에 길든다.' 집에 있는 시간이 길어지자, 처음에는 우울증이 걸릴 것같이 답답하였는데 차츰 적응된다.

모든 게 불확실한 때라 외출을 미루고, 마스크를 쓰니 화장하지 않아서 편하다. 집 안 구석구석 살림과 옷을 정리하고 반찬에 손이 더 가는 것을 보니 그동안 집안 살림이 허술했나 보다. 거리 두기는 내 안이 잘 보인다.

주부들은 식사 준비와 집안일로 시간을 보낼 수 있지만, 등교 못하는 입학생이나 입시생은 얼마나 답답할까? 자라는 아이들은 넘치는 에너지를 발산할 마땅한 곳이 없다. 맞벌이하는 집은 아이를 친가나 외가에 보내니 모두 신체 리듬이 깨져 힘들다. 집에 있는 시간이 길어서 학교에 가서도 적응하기 힘들 것 같아서 걱정이다.

코로나19 확진자가 늘어나고 있을 때 형부가 입원하셨다. 입원환자 면회를 허락하지 않아 애만 태웠다. 의사가 마지막을 준비하라 하는데, 장례 절차가 힘들 것 같아 코로나 사태가 진정된 다음에 초상이 나기를 바랐다.

형부를 생각하면 가슴이 따뜻해진다. 동생이 군에 가고 아버지와 어머니만 사실 때 어머니가 중풍으로 쓰러지셨다. 그때만 해도 시골에는 자가용이 없던 때라, 쌀과 연탄 배달을 위해 트럭이 있는 형부 도움을 많이 받았다. 어머니의 회복을 위해 보신탕을 자주 사 오셨다. 우리를 반갑게 맞아 주시고 예쁘다며 작은딸을 번쩍 안고 웃으시던 모습이 떠올랐다.

형부는 신천지 신도들과 대구, 경북 지역 감염이 절정일 때 세상을 떠나셨다. 시골은 코로나19에 취약한 나이가 많은 분들만 계시기에 부고를 안 했다. 장례식장도 중간을 띄어 놓고 출입문을 양쪽으로 내서 양쪽 손님이 마주치는 일 없이 출입명부를 작성하였다.

가까운 친척이 아니면 참석을 안 해 장례식장은 조용하게 애도 분위기에 쌓였고 상주들도 지치지 않고 제 역할을 할 수 있었다. 밤이 깊도록 형제간의 추억을 나누며 웃기도 하고 울기도 하며 의미 있는 시간을 보냈다.

형부와 가까운 친구분은 병원에 입원하고 계신 중이었다. 어렵게 외출 허가를 받아 콜택시를 타고 오셔서, "잘 가시게." "나도 곧 따라갈 테니 저승에서 만나 술 한잔하세." 굵은 눈물방울이 진정한 우정을 말해주고 있었다.

장례를 치르고 나서 우리는 너무 형식과 체면에 매달려 산 것이 아닌가 되짚어 보았다. 장례는 유족 중심이 아닌 망자를 위한 의례다. 예로부터 우리 민족은 결혼식이나, 희수연, 장례식 등 큰일이 있을 때마다 필요한 물품을 성의껏 준비해 부조하고 정을 나누었다.

바이러스가 세상을 바꾸기도 한다. 남미 대륙을 점령한 서구인들이 퍼트린 천연두로 면역력이 없는 원주민은 전멸하다시피 하였다. 이번 기회에 안전한 거리 두기를 생활화하면 좋을 듯싶다. 강당, 영화관, 공연장, 비행기 안의 좌석은 사람과의 사이가 너무 좁아 답답하다. 덩치가 큰 사람이 옆에 앉아 팔걸이에 몸을 기대면 옆 사람의 숨소리까지 들리고 체온까지 느껴 불편할 때가 있다.

사람과의 관계는 참으로 묘해서 거리보다는 마음에 달렸다. 천 리 밖에 있어 자주 만나지 못해도 혈육보다 가깝게 느껴지는 사람이 있는가 하면, 매일 만나도 그저 그런 사람이 있다. 흉허물없이 지내는 것은 좋으나 서로를 위해 어느 정도 거리를 두는 것이 좋겠다. 잉꼬부부라 해도 각자 사생활이 있지 않은가!

홍콩 독감, 에볼라, 사스 같은 바이러스가 진화해 새로운 종이 생긴다. 코로나19로 재택근무나 비대면이 생활화되고 온라인 결제로 활동 범위가 좁아졌다. '몸이 멀어지면 마음도 멀어진다.' 하는 말처럼 사회적 거리 두기로 사람과의 사이가 멀어질까, 걱정이다. 나를 지키는 일이 주위 사람에게 걱정을 끼치지 않는다는 생각으로 조심하지만, 77억 명 모두가 바이러스와 싸우는 참으로 힘든 세상에 살고 있다.

# 파꽃

파꽃은 5월에 핀다. 색이 곱거나 향이 진하지 않고 수수한데 인심은 후한지 파밭이 온통 벌 천지다. 햇살과 땅심을 쭉쭉 빨아올려 만든 원통형 텅 빈 대 끝에 붓처럼 생긴 봉오리가 달린다. 시간이 지나면, 반투명 껍질을 반으로 쪼개고 나온 여러 개의 꽃이 뭉쳐서 공같이 둥글게 핀다.

땅이 녹으면 제일 먼저 올라와 싱싱함을 자랑하던 파도 꽃이 피면 잎이 누렇게 죽고 세모형 씨앗이 까맣게 익으면 대도 힘을 잃어 누렇게 변한다. 파를 썰면 황화 알린 성분이 공기 중에 퍼져 눈물이 나고 찐득한 액체가 줄줄 흐르는데 씨가 여물면 모든 에너지를 소비했는지 몸이 홀쭉해지고 액체가 나오지 않으며 향이 약하다. 목숨만 붙은 몸은 새로운 잎을 만들 채비를 한다.

어렸을 때는 산에 올라가 나물을 뜯었다. 갈잎이 퍼지고 나물이 나는 시기에 새도 알을 낳는 시기가 겹쳐 간혹 꿩 알을 주웠다. 파꽃을 뜯어내고 대에 알을 깨서 넣고 불에 구우면 파 향이 스민 알

찜이 되어 맛있게 먹었다.

장마철이면 냇물에 살던 물고기가 불어난 물길을 따라 집 근처 도랑까지 올라온다. 어린 손에 서너 마리 잡힌 미꾸라지는 파 줄기에 넣어 밥 짓는 아궁이에 구우면 타지 않고 뼈까지 물렁하다.

누런 줄기는 질겨서 훌륭한 아이들의 놀잇감이다. 비가 오면 경사진 마당가에 임시 물길이 생긴다. 파 대를 연결해 물길을 만들고 책받침을 오려서 만든 물레방아를 돌리며 놀았다.

얼음이 풀리자, 파 씨를 뿌렸더니 가는 줄기가 검은 모자를 쓰고 쏟아져 나왔다. 줄기가 가늘어 속는 일이 만만치 않다. 그 작은 것도 파 향이 코끝을 자극한다. 파는 두어 번 옮겨 심어야 뿌리가 튼튼하고 흰 대가 길어 쓸모가 있다. 복중에 잎을 자르고 한 번 더 옮겨 심어야 김장용 파로 성장한다. 독한 파를 먹는 해충도 있어 잎에 흰 얼룩이 생기면 가운데 줄기만 남기고 얼룩이 생긴 잎을 모두 뜯어주면 싱싱한 잎이 다시 올라온다. 가끔 고랑의 흙을 파서 북을 주어야 대가 곧고 길다.

파는 뜨거운 것, 시고 단 것, 짠 것 가리지 않고 약방의 감초처럼 음식에 들어가 냄새를 잡아주고 풍미를 더 해준다. 감기에는 파를 구워 먹거나 파 뿌리와 대추, 생강을 넣고 달여 먹기도 하였다. 파의 흰 대를 구우면 알싸한 파 향이 나며 단맛이 나서 먹을 만하다. 파 뿌리를 깨끗하게 씻어서 무명 자루에 담아 동치미에 넣으면 맑고 톡 쏘는 맛이 난다.

파는 키를 줄이고 몸체를 줄여가며 어린싹을 보호해 얼어 죽는

일 없이, 봄이면 제일 먼저 올라와 잃었던 입맛을 돌게 하고 씨를 맺는다. 옥토만 고집하지 않고, 뜯겨도 불평하지 않는다.

파가 귀할 때는 잎만 뜯어 먹는다. 계속 뜯겨 나가도 새잎을 내는 것을 보면, 불평하지 않고 가족을 위해 자신을 버린 어머니 모습이다. 잎은 벌레가 파먹고 잘리는 아픔이 있어도 묵묵히 새잎을 내는 파, 어머니도 다리가 휘고 손가락이 굽어져도 안으로 삭이며 꿋꿋하게 견디셨다. 어머니 삶이라고 바람 불고 천둥 치는 날이 왜 없었겠는가? 집안 환경을 탓하지 않고 자식의 성장과 교육을 위해 자신을 버리고 집안을 일으켜 세우셨다. 몸살감기로 열이 나도 병원에 가는 일이 없이 툭툭 털고 일어나셨다.

갈무리해 둔 파가 노랗게 움을 내고 있다. 새잎을 내기 위해 몸속의 영양분이 소진돼 물렁물렁해졌다. 아이를 열 달 동안 배 속에 품고 키우듯 파는 봄을 기다리며 씨앗을 만들고 있을 것이다. 모여 있을 때 예쁘지 않은 꽃이 어디 있나만, 너른 밭에 하얗게 핀 파꽃도 볼만하다. 파를 썰며 파의 한해살이를 생각해 보았다.

# 허수아비 축제를 보고

시장 귀퉁이 함지에 소복이 쌓여 있는 알밤을 보니 가을이다. 가을 풍경은 들판의 허수아비와 하늘을 맴도는 고추잠자리가 완성한다.

이십 리가 넘는 논둑길을 걸어서 통학하던 시절에 들판에 서 있는 허수아비는 큰 의지가 되었다. 깡통이 줄줄이 매달려 있는 줄을 한 번씩 잡아당겨 날아다니는 참새를 쫓고, 강아지풀에 꿴 메뚜기를 보여주며 허수아비와 대화를 나누다 보면 어느새 집에 닿았다.

허수아비는 나무를 십자로 세운 후, 짚을 둥그렇게 뭉친 머리에 흰 천을 씌워 큼직하게 눈과 입을 그리고, 낡은 밀짚모자와 허름한 잠방이를 걸쳐 놓으면 족하다. 하반신이 없어도 맘씨 좋은 이웃집 아저씨가 일하는 모습이다. 머리가 영리한 참새는 허수아비를 사람이라고 믿는 것이 아니라 허수아비가 걸치고 있는 낡은 옷에서 농부의 체취를 맡고 근접을 꺼린다.

허수아비는 적군을 속이기 위한 전술로도 쓰였다. 임진왜란 때

전라도 강진의 의병장 염걸 장군은 아군의 숫자가 적어 불리해지자 적이 눈치채지 못하게 옷을 입힌 허수아비 병사를 아군 틈에 세워놓아 적을 물리쳤다는 일화가 전해 내려온다.

영화 촬영 때도 군중 틈에 옷을 입은 허수아비가 있고…. 허수아비의 역할이 넓어지고 있다. 시대의 흐름에 따라 들판에 있어야 할 허수아비가 휴게실 마당이나 찻길 옆에 늘어서 관광객의 시선을 끌거나, 아예 허수아비로 축제를 벌이고 있다. 허수아비가 알록달록한 옷을 입고 서 있는 들판은 꽃밭 같다. 소득을 높이기 위한 아이디어 거니 하면서도 얄팍한 상술이 씁쓸하다.

박물관에서도 허수아비 만들기 축제를 열었다. 세 명 이상의 가족이 참여하여 만든 허수아비 중 창의성이 뛰어나고 정성이 많이 들어간 작품을 우수작으로 뽑아 시상한다. 아이들이 준비한 다양한 소품들을 보니 허수아비를 제대로 이해하는지 의문이 갔다. 의사가운을 입은 허수아비, 히딩크 감독, 군인, 발레리나, 청소하는 엄마 모습 등. 현대 감각에 맞게 만들어져 눈길을 끌었다. 사람이 입어도 손색이 없을 만큼 화려한 의상에 멋진 구두를 신고 뽐내고 있다

허수아비 축제에 어머니와 아이들이 참석한 가족이 많고 아버지와 함께한 가족은 그리 많지 않다. 몇 안 되는 아버지의 모습을 유심히 살펴보았더니 적극적으로 동참을 하는 것이 아니라 보조하는 수준이다.

허수아비는 가을 들녘에서 익어 가는 고추잠자리와 같이 있어야

정겹고 멋지다. 축제가 끝나고 다양하게 만들어진 허수아비를 박물관 입구서부터 양옆으로 세워졌다. 단순하고 은은한 무채색 돌에 울긋불긋하게 나열해 있는 허수아비는 어딘지 모르게 부조화를 이루고 있다.

시간이 지나면서 귀엽고 아기자기한 모습이 강한 햇빛과 비를 맞아 후질근하다. 목이 꺾인 허수아비는 고개를 숙이고 묶인 채 처형당한 사진 속의 모습이 생각나고, 무심히 지나치다가 바람에 날린 한복 자락이 휙 감기면 머리카락이 곤두설 때도 있다.

우리말에 실권이 없는 사람을 허수아비라고 부른다. 여권이 신장되고 가장의 권위는 떨어져 허수아비 같은 가장이 늘어나는 추세는 핵가족화와 무관치 않을 것이다.

때와 장소 구별 없이 휴게소에 세워져 있거나 인형으로 상품화된 허수아비까지 있으니 과연 자라나는 세대들이 허수아비를 보고 가을의 정서를 느낄 수 있을까? 볼거리로 그치거나 장난감처럼 여길 것 같다.

허수아비가 전시물로 전락해 버렸거나 참새들의 놀이터로 변하는 세상은 오지 않았으면 좋겠다. 차림은 보잘것없지만 넓은 들판에 당당히 서 있는 허수아비가 어머니 품속같이 그리운 계절이다.

# 멋지게 보이고 싶은 욕구

눈 수술을 하여 눈두덩이 퍼렇고 퉁퉁 부었다. 왼쪽 눈은 속눈썹이 찔리는 줄도 모르고 오십이 넘도록 살았다. 가끔 눈곱이 끼고 불편해도 그러려니 하고 넘어갔다.

그것도 유전인지 의무병으로 군대에 간 아들은 눈썹이 안구를 찌른다며 수술하고 왔다. 어려서부터 눈이 충혈될 때가 많았는데 안과에 데리고 갈 생각을 못 하고 장난이 심한 아들한테 손을 깨끗이 씻지 않았기 때문이라고 잔소리만 했다.

나이 들어 눈꺼풀이 처져 두 눈의 시력 차가 많이 났다. 평상시에는 그런대로 지낼 만하나 몸이 피곤하면 온 신경이 왼쪽 눈에 있었다. 눈이 벌겋게 충혈되거나 이물질이 들어 있는 것같이 껄끄러워도 미련하게 참았다. 몸이 천 냥이라면 눈이 구백 냥이란 말이 괜히 생겨난 말이 아니었다.

의사가 수술하라는데, 수술 후 눈이 감기지 않아 뜨고 자는 사람이 있다거나 인상이 사납게 보인다고 해 미루고 있었다. 안구가 건조하고 비문증이 있어서 치료받으러 갔다가 나이 들수록 회복이 더디다는 의사 말에 덜컥 수술 날짜를 잡았다.

손톱에 든 가시를 바늘로 파내려 해도 아파서 몸이 움츠러드는데 아래 눈꺼풀에 칼을 댔으니 말해 뭣하랴. 부분 마취를 하고 진통제의 도움으로 통증이야 참을 만하지만, 외관상 실핏줄이 터져 퍼렇게 멍이 들고 부어오르는 것은 어쩔 수 없다.

될 수 있는 대로 자연스럽게 불편함만 덜어달라고 하였지만, 눈이 퉁퉁 붓고, 벌겋게 그은 칼자국은 무섭기까지 하다. 속눈썹이 찔리는 불편함을 덜었다는 안도보다는 자연스럽지 못할 것 같아 겁이 났다. 외모보다는 내면이 중요하다고 생각했는데 타인에게 멋지게 보이고 싶은 욕망이 더 컸나 보다.

남면에서 미용 봉사 하던 때가 생각나 혼자 피식 웃었다. 신체적인 장애로 태어나 땅을 밟아보지 못하고 누워서 TV를 보며 사는 청년이다. 그동안은 어머니가 가위로 쑹덩쑹덩 잘라 주었는데 아들은 덩치가 커지고 어머니는 나이가 들어 힘에 부친다며 한 달에 한 번씩 이발 봉사 요청이 있었다.

머리카락이 목덜미를 덮을 만치 자라있어 답답해 보였다. 한 사람은 뒤에서 끌어안고 한 사람은 옆에서 얼굴을 잡고 세 사람이 씨름해야 이발을 할 수 있다. 밖에 나가는 일도 없고 보아줄 사람도 없는 처지가 아닌가? 시원하고 깔끔하면 그만이지 무얼 더 바라겠나 하는 우리의 편견은 여지없이 무너졌다.

귀는 조금만 가리고 뒷머리는 자연스럽게 거울연가의 준상이같이 해달란다. 몸은 움직일 수 없으나 생각은 여느 사람과 같았다. 작은 손거울로 뒷모습까지 비춰보면서 멋진 모습만을 주문한다. 그 분도 인간이기에 멋있게 꾸미고 싶은 욕망이 있는데 우리는 그의 마음을 헤아리지 못하고 자주 봉사하기 싫은 생각과 여름이라는 이유를 들어 짧게 잘라 버리고 싶었다.

성형 수술이 느는 것은 외모를 중시하는 시대 탓도 있지만, 긍정적인 면도 있다. 개성을 외면하고 외모만 중히 여겨 성형 수술하는 사람을 나는 못마땅하게 생각하였다. 봉사를 다니면서 겪으니 성형 수술은 허영과 사치라 할 수는 없고, 신체적 콤플렉스가 있는 부위를 고쳐 긍정적으로 살 필요가 있다는 생각이 들었다.

눈에는 그 사람의 혼이 들어 있다. 하여 첫인상에서 눈이 차지하는 비중이 크다. 내 눈은 서글서글한 눈이나 샛별같이 반짝이는 눈과는 거리가 멀다. 속눈썹이 찔리는 것만 면하게 해달라고 주문했는데 나이 들수록 눈꺼풀이 처지니 그때 쌍꺼풀 수술도 함께 했으면 좋았을걸, 후회한다.

작가 김주영은 '나이를 먹는다는 것은 우리들의 삶 위에 켜켜이 묻어있던 구차스러운 땟국들을 한 켜 한 켜 벗기며 가슴속에 있는 유혹과 미련을 벗어 던지는 것에 비유할 수 있다.' 하였다. 이제부터는 외모뿐만 아니라 성숙한 사람이 되기 위하여 내면도 닦아야겠다.

# 당신을 보내며 기도합니다

결혼생활 49년째다. '내년부터는 아버지 제삿날에 합쳐서 한 번만 지내자. 내년에 결혼 50주 년이니 남아메리카로 여행가고, 캠핑카를 사서 경치 좋은 곳을 찾아다니며 글 쓰고 책 읽고, 낚시하며 느긋하게 살자.' 하였다. 맘이 변하면 죽는다는데 하면서도 대수롭지 않게 넘겼다.

모든 게 내 탓인 양 아픔과 회한에 휩싸인다. 감기로 시작한 병이 종합병원의 여러 과를 거쳐 골수 검사까지 이어졌다. 예후가 나쁘고 치료약이 없는, 고도 악성 골수이형증 진단을 받고 병원을 나서며 올려다본 하늘이 유난히 파랗다.

월남에 파병해서 일 년 넘게 더위와 해충, 베트콩의 습격을 겪으며 고생한 사람이다. 앞장서서 정글을 헤쳐가던 사람이 지뢰를 밟아 터졌다. 헬기가 있는 곳까지 죽어가는 사람을 번갈아 떠메고 갔던 이야기는 열 번도 더 들었다. 술만 먹으면 밤을 새워가며 울분을 토하던 사람, 종아리에는 작은 파편이 박인 채 무탈하게 살았다.

매일 봉의산을 오르고 겨울에도 내복 없이 지내며 감기 한 번 안 앓던 사람이다. 고엽제의증으로 골수이형증이라니 억울해 눈물이 펑펑 쏟아졌다. 보훈병원에서 건강 검진할 때마다 정상이라 마음 놓고 살았는데, 나이가 들어 여러 날 감기를 앓으니, 면역력이 떨어졌다. 검사가 잘못된 것이 아닐까? 부질없이 되새기며 이층 계단을 오르는데 환자보다 내가 더 휘청거린다.

"기적을 바라지는 않습니다. 하늘의 뜻이라면 고통 없이 떠나도록 하여 주십시오." 날마다 백팔배를 하였다. 눈물은 쥐어짠다고 나오는 것이 아니고 기쁘거나 슬프고, 억울했을 때 터지는 마음의 울림이다. 눈에 띄는 것마다 눈물의 씨앗이었지만, 눈물을 보이거나 약해지지 말자. 주문을 걸며 이를 악물었다. 몸과 마음이 약해지니 귀도 얇아진다. 몸에 좋다는 것을 찾게 된다.

물의 기운을 가진 사주와 불의 기운을 가진, 두 사람이 만났으니 아옹다옹 다투며 살았는데 지금 생각하니 왜 싸웠는지 기억나는 게 하나도 없다. 무작정 참으면 되는 줄 알고 차곡차곡 쌓아 두었던 일들을 불러내어 정리한다. 소중한 순간들을 놓치고 살아 후회된다. 우리에게 남은 시간은 짧다. 귀에 거슬리는 말도 화낼 일도 없고 잠자는 시간마저 아깝다. 부부는 함께 살아가는 자체가 행복이고 존재인 것을 투병 끝자락에서야 깨달았다.

입원해 있는 동안 새벽 4시면 달려와 찹쌀을 섞어 밥을 짓고 좋아하는 반찬을 만들어 아침 식사 시간 전에 뛰어갔다. 환자식은 밥이 맛이 없고 반찬이 입에 맞지 않는다고 불평해서 내가 먹고, 식당에서 사 온 탕과 엄나무 순, 돌나물, 열무김치, 오가피 순 반찬으로 밥 한 그릇을 뚝딱 비웠다. 암 환자는 근육이 줄고 통증이 심하다는데 잘 먹고 마음을 내려놓아서인지 체중이 줄지 않고 진통도 오지 않으니 감사할 일이 하나씩 늘었다.

손을 잡거나 등을 기대고 앉아 연애하던 때부터 시작해 아이들 데리고 낚시 갔던 이야기, 매년 여름이면 동해안으로 휴가를 가고, 새해 첫날은 양양에서 떠오르는 해를 보고 희망을 이어갔던 일. 대관령에서 폭우가 내리는 것도 모르고 연곡 강변에서 잠들었다가 물귀신을 면하고 몸만 겨우 빠져나온 이야기를 하며 웃었다. 서로의 말에 귀 기울이니 마음이 통해 결혼생활 중 가장 정을 많이 나눈 시간이었다.

검사를 해봐야 확실하지만, 항생제를 매일 투여해도 CT와 X-RAY 검사에서 폐에 매끄럽지 않은 덩어리가 점점 커지고 헤모글로빈과 혈소판 수치가 낮아지는 것을 보면 폐암과 혈액암으로 전이된 것 같다. 하는 의사의 말에 "폐암과 혈액암은 고엽제로 유족연금이 있습니다." "죽을 목숨이니 검사를 받다 죽어도 검사받게 해주십시오." 남편은 의사에게 매달렸다. 멀어지는 의사를 가로막고 "선생님 혈소판이 낮은 사람이니 조직검사를 하다 지혈이 안 돼서 죽으면 제가 어떻게 살 수 있습니까." "남편 죽음과 돈을 바꿀 수 없습니다." "절대로 동의 못 합니다." 눈물이 쏟아져 말을 마치지 못하고 주저앉아 엉엉 울었다.

혈소판 수치와 헤모글로빈 수치가 점점 낮아지고 당수치가 널뛰기 해도 우리는 하늘의 뜻이라며 긍정적으로 받아들였다. 수액을 매달고 벚꽃 구경을 하고 군것질거리를 사러 매점을 드나들고 커피를 마신다. 좋고 나쁜 것을 가리지 않고 먹고 싶으면 먹고, 피곤하면 잤다.

애들에게 빚을 남겨주지 않아 고맙고, 못된 놈 소리 듣지 않으니 고맙고, 내가 편히 살 수 있도록 집과 예금을 남겨주어서 고맙고, 사고로 인한 험한 모습도 있는데 체중이 줄지 않고 주름살이 펴져 환한 모습이라 고맙고, 묘지 걱정을 안 하고 현충원으로 갈 수 있으니 고맙고…. 수시로 감사할 일을 찾아 속삭였다.

"나를 만나 고생 많았소." "종부로 시집와서 명절날 친정 한 번 못 가고 동동거려도 도와주지 못해 미안해요.""정기 예금을 당신 앞으로 해줄 테니 애들한테 남겨줄 생각 말고 쓰고 살아요." 딸에게 "엄마 고생 많이 한 사람이다. 잘해야 한다." 누누이 당부한다. 동창회 서류를 정리하고, 통장과 도장을 가져오라 해서 새 회장에게 넘겼다. 두 분, 인상이 참 좋다며 수녀님이나 목사님이 기도해 주시면 우리는 감사하게 받아들였다.

점심 식사를 잘하고 화장실도 혼자 다녀와 마음 놓고 잠들었는데 간호사가 깨우며 산소 수치가 떨어지고 있어서 운명하실 것 같으니 마지막 인사를 하란다. 눈물 콧물 쏟으며 외워 두었던 고마움을 주저리주저리 읊고, "내가 아파서 요양원에 가기 전에 당신이 데리러 와요." 하니 고개를 끄덕였다. 새벽 3시, 우리는 이승과 저승으로 나뉘었다. 사전연명의료의향서를 직접 작성했고, 나를 고생

시키지 않으려고 밥 잘 먹고 혼자 화장실을 다닌 고마운 사람이다.

잠자듯이 깨끗이 간 사람, 사랑하는 사람에게 잠을 준다. 하는 성서의 말씀이 따듯하고 감사하다. 반짝이는 별이 되어 아이들과 나의 삶이 방향을 잃거나 흔들릴 때마다 이정표가 되어 줄 것이라 믿으며 통트는 하늘을 본다.

"잠자듯 편한 모습으로 갈 수 있게 도와주시고, 마지막 모습을 지킬 수 있게 배려해 주셔서 고맙습니다. 남편 몫까지 열심히 살겠습니다." 진심을 담아서 기도했다.

## 책갈피 속에서 추억을 줍다

발행일 2025년 4월 20일

지은이 장희자

발행인 강병욱
발행처 도서출판 교음사

03147 서울 종로구 삼일대로 457 수운회관 1308호
Tel (02) 737-7081, 739-7879(Fax)
e-mail : gyoeum@daum.net
등록 / 제2007-000052호

* 잘못된 책은 바꿔 드립니다. 값 15,000원

ISBN 978-89-7814-436-0 03810



춘천문화재단

본 책은 춘천문화재단 후원으로 발간됨.